F. W. Maler

Geschichte, Bestandteile und Wirkungen des Hambacher und Schwollener Sauerbrunnens

F. W. Maler

Geschichte, Bestandteile und Wirkungen des Hambacher und Schwollener Sauerbrunnens

ISBN/EAN: 9783744635868

Hergestellt in Europa, USA, Kanada, Australien, Japan

Cover: Foto ©Andreas Hilbeck / pixelio.de

Weitere Bücher finden Sie auf **www.hansebooks.com**

Geschichte

Bestandtheile und Wirkungen

des

Hambacher und Schwollener Sauerbrunnens

im

Hinter-Sponheimischen Oberamt Birkenfeld

auf

Hochfürstlich Markgräflich Babischen

gnädigsten Befehl verfaßt

von

D. Friedrich Wilhelm Maler

des Oberamts Birkenfeld und mehrerer
Aemter Physicus.

———————————

Carlsruhe 1784.
drukts und verlegts Michael Macklot
Markgräfl. Bad. Hofbuchhändler u. Hofbuchdruker.

Vorbericht.

Da gegenwärtige Beschreibung bereits verfaßt war, und eben zum Druck sollte abgeschickt werden; lief ein Schreiben von dem berühmten Herrn Profeßor Spielmann in Strasburg ein, welchem man in dem Monat May des vorigen Jahrs, 15. Krüge Sauerwasser von der Hambacher Trink-quelle mit der Bitte zugesendet hatte, da-mit einige Versuche vorzunehmen, und

)(den

den Erfund davon gefälligst anhero bekannt zu machen. Folgendes sind die eigene Worte des Herrn Profeßors:

„ Ich habe gefunden, daß bey gelinder
„ Abrauchung das medizinal = Pfund
„ Sauerwaßer 3. Gran trockener, und
„ nicht verfliegender Materie enthalte;
„ diese hatte den vierten Theil ihres Ge=
„ wichts von einem Salz gegeben, wel=
„ ches röthlich aussahe, auf den Kohlen
„ weder platzte noch knackerte, aber einen
„ sehr angenehmen Geruch von sich gab,
„ anbey alle Zeichen eines Laugensalzes
„ hatte; aus gedachter Materie habe ich
„ den achten Theil ihres Gewichts von
„ einer Kalck = Erde, und den vierten
„ Theil einer thonartigen Erde erhalten.

„Die

„ Die Röthe der von dem Abrauchen zu-
„ rückgebliebenen Materie, und die schwar-
„ ze Farbe, welche entsteht, wenn das
„ Wasser mit Schwefelleber vermischt
„ wird, machen mich vermuthen, daß
„ Eisen darinnen seye; es ist aber so we-
„ nig, daß das Wasser mit zusammen-
„ ziehenden Erdgewächsen sich nicht färbt.
„ Der hauptsächlichste Bestandtheil dieses
„ Gesundbrunnens ist ohnstreitig die da-
„ rinnen häufig enthaltene fixe Luft, wel-
„ che zu erforschen folgender Versuch dienet.“

Hier gibt der Herr Professor den im III.
Abschnitt §. 4. No. 24. beschriebenen Versuch an, welcher sogleich an denen Quellen selbsten nach dieser Vorschrift von mir
vorgenommen wurde. Sodann fährt er fort:

)(3 „ Ich

Vorrede

„ Ich zweifle keineswegs, daß das
„ Hambacher Sauerwasser herrliche und
„ viele Wirkungen in Ansehung der firen
„ Luft, und des seifenartigen Salzes,
„ welches es mit sich führt, thun werde.
„ Diese Wirkungen müssen nun durch Er-
„ fahrungen bestimmt und bekräftiget
„ werden. "

Aus dieser Beschreibung nun erhellet,
daß besagter Herr Professor Spielmann
in diesem Wasser gerade die nemlichen
Bestandtheile angetroffen habe, welche ich
bey allen meinen Untersuchungen gefunden, nemlich fire Luft, Laugensalz, Kalk-
erde, und Thonerde mit Eisentheilchen
vermischt. Woher es aber gekommen, daß
die Menge derselben in einem medizinal

Pfund

Pfund Waſſer zu Straßburg geringer
ausgefallen, als hier; ſchreibe ich dem zu,
daß, wie es immer geſchieht, in denen
Krügen durch das Verführen etwas Ocher
ſich præcipitirt und an den Seiten und dem
Boden der Krüge ſich angeſezt habe, welcher alſo beim Abrauchen abgegangen,
und leicht ſo viel weniger bey der abge-
dünſteten Materie betragen konnte: die
hieſigen Unterſuchungen aber immer entweder an den Quellen ſelbſten, oder doch
ſogleich von der Quelle weg hier vorgenommen wurden, ohne daß das Waſſer
lange verführt worden, oder geſtanden
hätte. Eben dieſes Verführen muß auch
einigen Einfluß in Abſicht der enthaltenen
Eiſentheile gehabt haben, weil nach der
Spielmanniſchen Bemerkung zuſammen-

)(4   ziehen

ziehende Erdgewächse das Wasser nicht
gefärbt haben, da doch solches an denen
Quellen braun, ja von Galläpfeln schwarz,
wie Dinte, gefärbt wird.

————

Abschnitt

Abſchnitt. I.

Geſchichte.

Unter denen mineraliſchen Quellen des Oberamts Birkenfeld behauptete das Sauer= waßer bey Hambach von denen älteſten Zei= ten her beſtändig den Vorzug; ſo, daß gegen das Ende des ſechzehenden Jahrhunderts dieſe Quelle von vielen Fürſtlichen und andern Stan= des = Perſonen ſehr häufig beſucht, und wie die noch davon vorhandene Birkenfelder Ober= amts = Acten ausweiſen, das Waßer derſelben mit vorzüglichſtem Nutzen von ihnen gebraucht wurde: ja der Zugang zu dieſem Geſund=

brunnen

brunnen war im Jahr 1573. so stark, daß
der berühmte Philipp Melanchthon, welcher
mit seiner Frau die Cur daselbsten trinken
wollte, wieder weggehen mußte, weil kein
Platz mehr für ihn vorhanden war. In dem
Elſaß und Lothringiſchen muß das Waßer beſonders im Ruf geſtanden haben ; denn die
Domherrn des Stifts Strasburg, die Herrn
Ammeiſtere und Stättmeiſtere der Stadt
Strasburg, viele von Adel aus Lothringen
befinden ſich beſtändig in denen noch vorhan-
denen Verzeichnißen der damaligen Cur = Gäſte.
Tabernámontanus und andere, vorzüglich
Strasburger Aerzte, unterſuchten auch dahero
dieſes Sauerwaßer chemiſch, legten ihm aber
ein ſo buntes Gemiſch von ſchädlichen und
heilſamen Beſtandtheilen bey, daß ſich zwar
nicht zu wundern iſt, warum erſterer den be-
hutſamen und wenigen, dabey aber gewiß
ſehr nützlichen Gebrauch deſſelben anrathet,
wohl aber, wie derſelbe Rauſchgelb, Auri-
pigment, Kupfer u. d. g. Beſtandtheile in
demſelben finden konnte.

Weil

Weil nun dieses Sauerwaßer so sehr im Ruf gestanden, und der Zugang dahin stark war, so dachten die damalige Gemeinds-Herrschaften Baden und Zweybrücken mit Ernst darauf, auf dem Brunnen selbsten Gasthäußer und Gebäude zu einem Bad zu errichten, und finden sich von denen Jahren 1574. bis 1577. noch 7. verschiedene Riße und Vorschläge zu solchen Gebäuden vor. Da man sich aber über keinen derselben vergleichen konnte, so blieb die Sache liegen, und es ist wahrscheinlich, daß die in dem eine halbe Stunde davon entfernten Ort Rinkzenberg noch stehende sogenannte Cur = Häuser von dieser Zeit her ihren Ursprung haben, welche aber freylich so beschaffen sind, daß nur wenige Cur = Gäste und diese mit geringer Bequemlichkeit daselbsten sich aufhalten konnten. Die andern Gäste bedienten sich von dem Oberamts Ort Birkenfeld aus dieses Waßers. Fürstliche, Adeliche, und andere vornehme Standes Personen aber, suchten bey denen Gemeinds Herrschaften um einen

Auf=

Aufenthalt auf dem Birkenfelder Schloß während ihrer Curzeit nach), worunter sich vorzüglich Churfürst Fridrich von der Pfalz,
Herzog Johann Casimir von der Pfalz, Land-
graf Georg von Heßen-Darmstatt, eine Herzogin von Bouillon mit ihrem Sohn, die
verwittibte Herzogin Catharina von Vademon-
de, Graf Johann von Salm, Marschall in
Lothringen, Gebhard von Waldburg des hei-
ligen Römischen Reichs Erbtruchseß, und andere mehr auszeichnen.

Durch den ganz Deutschland verheerenden
30. jährigen Krieg, und die unsere Gegen-
den besonders hart betroffene nachherige Fran-
zösische Kriege, scheint auch unser Sauerbrunnen gelitten zu haben. Wenigstens findet
man in dieser Periode gar keine Urkunden
mehr, daß solcher von Fremden wäre besucht
worden; nur Cardilucius in seiner arzneyi-
schen Wasser-und Signatur Kunst thut im
Jahr 1680. von ihm Meldung, und gibt
seine Bestandtheile an, und erst gegen die
Mitte

Mitte des gegenwärtigen Jahrhunderts fieng man widerum von Seiten der Gemeinds-Herrschaft an, einige Aufmerksamkeit auf den Brunnen zu richten. Man räumte die verschüttete Quellen wieder auf, leitete das fremde und Bachwaßer davon ab, machte den Platz, wo die Quellen hervorströmten, eben, und gab dem Hambacher Trinkbrunnen statt seiner ehemaligen Einfaßung von Wackengestein, wiewohl zu seinem sichbaren Nachtheil, eine marmorne Einfaßung, sezte ein kleines Gebäude zur Wohnung für den Aufseher über den Brunnen an die Quelle, damit auch die von Rinzenberg zur Quelle herunter gehende Cur = Gäste wenigstens einigen Schirm davon haben möchten, wenn sie etwa übles Wetter überfallen sollte. Man lies endlich durch den Sponheimischen Landphysicus Dr. Artope, den Rheingräflich = Dhaunischen Physicus zu Kyrn Dr. Bender, und den Herzoglich = Zweybrükischen Physicus des Ober-Amts Lichtenberg Dr. Ravenstein an der Quelle sowohl, als in der Birckenfelder Apotheke

theke eine chemische Untersuchung mit dem
Waßer selbsten vornehmen, und lezterer machte den Erfund davon in einem zu Zweybrück-
en 1774. in 8. heraus gekommenen Tractat:
Bericht von dem bey Birkenfeld befindli ch-
en mineralischen Heil- und Gesund-Brun-
nen, betittelt, durch den Druck bekannt,
worinnen er zugleich von dem Gebrauch dieses Waßers, und denen bekannten bereits
damit verrichteten Curen handelt, aber auch
deßen Bestandtheile viel zu gering angibt.
Das Sauerwaßer zu Hambach schien durch
diese vorgekehrte Anstalten wiederum empor zu
kommen, der Brunnen wurde von Auswär-
tigen besucht, das Waßer verführt, und man
fieng an, auf eine nahe bey der Hambacher
Trinck-Quelle gelegene Quelle in Absicht ihres äußerlichen Nutzens zum baden aufmerksam zu werden. Ein gewisser Herr von
Gündenrode auf dem Schloß Lichtenberg em-
pfand mehrmalen von dem äußerlichen Gebrauch derselben gute Wirkungen, und errich-
tete an derselben ein kleines Monument, wo-

rauf

rauf er die verschiedene gute Würkungen des
Badwaßers bekannt machte; allein die neue
marmorne Einfaßung wurde gar bald von
dem Vitriolsauren des Waßers durchfreßen,
und es drang häufig wildes und süßes Waßer
durch diese Oefnungen in die Quelle hinein.
Die Stärke des Sauerwaßers nahm dahero
sehr ab, und mit ihr der Ruhm und der Zugang zu denen Quellen. So blieben nun die
Umstände bis zu der, zwischen dem Hochfürstlich Markgräflich-Badischen, und dem Her-
zoglich-Zweybrükischen Hause im Jahr 1776.
vorgenommenen Theilung der hintern Graf-
schaft Sponheim. In dieser fiel unter andern
das Oberamt Birkenfeld an ersteres, und
nunmehro suchte man auch die mineralische
Quellen in demselbigen durch Errichtung der
nöthigen Anlagen mehr empor zu bringen. Zu
dem Ende wurden vorerst die Sauerwaßer-
Quellen bey Hambach und Schwollen gereinigt, chemisch von mir untersucht, und da sich
gefunden, daß leztere den erstern in der Menge
und Stärke der Bestandtheile weit zuvorkämen,

dieses

dieſes aber in ältern Zeiten, und auch noch damals als Ravenſtein ſeine Beſchreibung geliefert, gerade umgekehrt war, ſo wurde auf höchſten Befehl die marmorne Einfaßung hinweggethan, und an deren Stelle die Hambacher Trinck=Quelle, wie ehemals in Wackenſteine eingefaßt. Eben ſo bekamen die, entweder nur in einer hölzernen Einfaßung gelegene, oder gar nicht eingefaßte Badquellen daſelbſt, eine wackenſteinerne Einfaßung, als von dem natürlichen Geſtein, durch welches das Sauerwaßer läuft, und das von demſelbigen auf keine Weiße angegriffen, oder zerfreſſen wird. Zwiſchen beeden Quellen, dem Hambacher Trinckbrunnen und denen Badquellen wurde ein Badhauß aufgeführt, ſo daß vorwärts bey dem Eingang in daſſelbige die Trinckquelle ſich befindet, etwa 150. Schritt aber hinter ſolchem und hinaufwärts beede Badquellen liegen, welche vermittelſt erlener Röhren in das Badhaus geleitet werden, ſo daß ein Theil derſelben in den in der Kuche daſelbſt aufgeſtellten großen Keßel läuft, in dieſem er-

wärmt,

wärmt, und von da durch andere Röhren in
die Badstübchen geleitet wird. Der andere Theil
des Waßers fließt gerade zu kalt nach eben diesen
Badstuben, und beede können denn vermittelst
angebrachter Hähnen, zur beliebigen und nö=
thigen Temperatur in die unter ihnen ange=
brachte Badkästen und Butten gelaßen werden.
Die Gegend worinn die Sauerwaßerquel=
len liegen, wurde so viel möglich eben ge=
macht, an den Brunnen und Badhäußern
eine Landstraße an die Mosel vorbey geführt,
der Anfang mit Anlegung von Gärten und
Spaziergängen gemacht, Wirtshauß und Stal=
lungen dazu erbaut, und überhaupt Sorge
dafür getragen, daß der Aufenthalt den
Bad= und Brunnen Gästen so viel möglich an=
genehm und bequem gemacht würde; wobey
man von Seiten Seiner Hochfürstlichen
Durchlaucht des regierenden Herrn Mark=
grafen von Baden, auch noch in Zukunft
alles dasjenige veranstalten laßen wird, was
zur Vermehrung, Vergrößerung und Be=
quemlichkeit der Gebäude nöthig, und zur Ver=

B   schön=

schönerung der Gegend und Anlage erfor-
derlich seyn wird, so wie schon auf zukünfti-
ges Früh Jahr wiederum 2. neue Gebäude zu
Gasthäuser für Bad= und Cur=Gäste, wie auch
ein Magazin zur Aufbewahrung guter, zur
besten Zeit gefüllter Krüge werden erbaut
und errichtet werden.   Auch hat man in
dem vorigen Jahr, um das Waßer mit wenigern Kosten verführen und verkaufen zu können, an dem Brunnen eine Krugbeckerey errichtet, welche in wenigen Tagen den ersten
Ofen voll Krüge liefert, die denn in Absicht
der sehr feinen und guten nahe dabey liegen-
den Steinguth Erde, und denen bereits damit gemachten Versuchen zufolge nicht anders, als vortreflich ausfallen können. Diese
Einrichtung wird wegen des großen Vorraths an
Brennholz zur Emporbringung und stärkerm
Verschluß des Waßers sehr beförderlich seyn,
besonders da zu großem Nachtheil des
Brunnens bishero, zuweilen wegen Mangel an
neuen Krügen, das Waßer in alten, oft unreinen Krügen gefüllt, verführt und auswärts
verkauft wurde.   Bey

Bey dem Fundament graben des Badhau-
ses, welches vor einigen Jahren geschah, fan-
de man ohngefehr 4. bis 5. Schuh in dem
Boden noch wohl conservirte Lagen von erlenen
Teicheln, deren Röhren mit dichten Schichten
von Ocher überzogen waren, ein Beweis,
daß ehemals Sauerwaßer in denselbigen mußte geleitet worden seyn. Da man nun vor
dem Jahr 1570. keine Acten noch Urkunden
von denen Sauerwaßern besitzt, in diesen aber
nirgend einiger Meldung von Waßerleitung in
Röhren geschieht, so ist wahrscheinlich, daß
schon vor dem Jahr 1570. ein Bad daselbsten
muß errichtet gewesen seyn. Zu gleicher Zeit
fand man auch bey denen Röhren 2. römi-
sche kupferne Münzen, von der Größe eines
kupfernen Kreutzers, darauf noch ein ge-
kröntes Brustbild zu erkennen war. Die Auf-
schrift war von dem Sauerwaßer zerfreßen
und beede hatten übrigens einen Glanz wie Gold.
Vielleicht ließe sich daher schließen, daß unsere
Sauerwaßer schon in den ältesten Zeiten müß-
ten bekannt und berühmt gewesen seyn.

B 2   II. Abschnitt.

II. Abschnitt.

Anzahl, Lage und Beschaffenheit der Sauer-Quellen.

§. 1.

Die Sauerquellen des Oberamts Birken=
feld befinden sich theils bey dem Dorf Ham=
bach, woselbsten sich 4. Quellen vorfinden,
theils bey dem Dorf Schwollen wo 2. anzu=
treffen sind. Die Hambacher Quellen liegen
eine Stunde von Birkenfeld, sämtlich an dem
Anfang eines engen Thals, zwischen 2. mit
Buchbäumen und Bircken besezten Bergen,
haben gegen Osten und Norden den sogenann=
ten Hochwald, gegen Westen und Süden aber
eine freye Aussicht auf die Landstraße, und
auf das Rinzenberger und Hambacher Flur=
land

land vor sich. Nahe bey ihnen fließt die Forel-
len reiche Hambach miteinem starken Fall
vorbey, und verursacht dadurch ein angenehmes
Rauschen, welches mit dem vielfachen Gesang
der Vögel ein melodiereiches Conzert ausmacht.
Der angränzende schattichte Wald verschaft bey
heißem Wetter die erquikendste Kühlung. Hü-
gel, Berge und Thäler wechseln mit einander
ab, und diese nebst denen vorzunehmenden neu-
en Anlagen und Verschönerungen der Gegend,
müßen dem Cur = Gast seinen hießigen Aufenthalt angenehm machen, wozu noch kömmt,
daß die Quellen in einer gesunden Gegend
liegen, wo immer reine und heitere Luft
herrscht.

Obgleich die Brunnen und das Bad allein
liegen, so ist doch niemalen die Gegend von
Menschen leer, man siehet Reisende auf
der Landstraße an der Mosel vorbey ziehen;
auch kommen beständig Leute daher, um
Waßer zu ihrem Gebrauch da abzunehmen,
denn die Einwohner des eine viertel Stunde

davon

davon gelegenen Dorfs Hambach, so wie die,
aus denen eine halbe Stunde davon entfernten Dörfern, Rinzenberg, Ellenberg und Hatt-
genstein pflegen das ganze Jahr hindurch kein
ander Waßer als Sauerwaßer zu trincken;
und im Sommer ist der Zugang von benach-
barten inn=und ausländischen Ortschaften zu
diesem Brunnen häufig. Die Lebens=Mittel
überhaupt, und die für Cur=Gäste besonders
dienliche Speisen, sind in hießiger Gegend gut
zu haben, werden auch mit mehrerer Empor-
schwingung des Brunnens in größerer Menge
gezogen und herbey geschafft werden. Mosel-
wein und andere gute Weine, sind hier durch-
gängig zu bekommen, so wie es auch selbsten
nicht an süßem Waßer bey dem Sauerbrunnen
fehlt, indem nahe bey demselben aus einem
Berg gutes süßes Waßer hervor quillt.

§. 2.

Ob nun zwar gleich in der ganzen Gegend,
wo die Hambacher Sauerwaßer liegen, über-

all

all kleine Quellen zu sehen sind, die Sauer=
waßer liefern, so sind dochnur allein 4. Haupt=
quellen merkwürdig, deren Waßer auch nur
benuzt wird, nemlich:

1. Die von altersher berühmte Trink=
quelle.

2. Die Albertusquelle, 70. Schrite ober=
halb der erstern, und beede dißeits der
Hainbach.

3. Die beede Badquellen nebeneinander,
jenseits der Bach, und etwa 150. Schrit=
te von der Trinkquelle hinaufwärts ent=
fernt.

§. 3.

Die alte Trinkquelle von der im ganzen er=
sten Abschnitt bereits ist gehandelt worden,
liegt gerade vor dem Badhaus, in einer ohnge=
fehr 5. Schuh tiefen, sehr weiten, mit einer
Mauer umfaßten und unten mit Bänken ver=
sehenen Vertiefung. Sie ist in Wackenstein oval=
rund gefaßt, mit einem Kranz oben versehen,

B 4   übrigens

übrigens oben offen, weil ein Versuch vor einigen Jahren bewiesen, daß die Stärke des Waßers sogleich abgenommen, als man die Quelle, um sie vor dem Eindringen des Regens zu verwahren, mit einem Dach versehen hatte. Dieser Trinckbrunnen schließt in seiner Einfaßung 3. Mündungen der Quelle in sich, welche vieles Sauer Waßer liefern, die 4te Mündung in derselben aber gibt wenig Waßer, dagegen aber sehr viele fixe Luft, und es entsteht durch diese ein beständiges Auffsprizen von vielen und grosen Luftblasen, die in dem Waßer ein starkes Sprudeln hervorbringen. Der Ausfluß aus dieser Quelle ergießt sich in ein anderes Baßin, worinnen auch Sauerquellen, jedoch von sehr geringem Geschmack hervorquillen, und das als ein Schwenkbrunnen gebraucht wird. Gegenwärtig liefert diese Quelle wiederum, wie in alten Zeiten, binnen einer Stunde 50. hiesige Maas Waßer, welches gegen 400. medizinal Pfund beträgt.

§. 4.

§. 4.

Nachdeme im Jahr 1781. auf Hochfürstlichen Befehl die in Marmor gelegene Trinkquelle anders mußte gefaßt werden, und der
Erfolg von dieser neuen Einfaßung gar nicht
dem Erwarten entsprach, vielmehr die Quelle
weniger und schlechteres Waßer, als zuvor
lieferte; ⁋ das aber in dem folgenden Jahr,
nachdem man die mit Betten eingedammt ge-
wesene beste Quelle wieder gefunden, und zu
den übrigen gebracht hatte, gar vorzüglich ver-
beßert wurde,) so faßten die Landleute aus
der Gegend sich eine besondere, bishero nie ge-
achtete, Quelle ein, die ganz nahe an der
Hambach liegt, und die Albertusquelle benennt
wird. Aus dieser pflegten sie nun täglich ihr
Trink-Waßer zu holen, und es schien, daß
durch sie der bisherige Ruhm der alten Trinkquelle gänzlich würde verdrängt werden. Angestellte chemische Proben aber bewiesen in
kurzem, wie schwach ihr innerer Gehalt
seye, und wie wenig sie der Trinckquelle
gleich komme. Sie

Sie ist ebenfalls ganz einfach in ſWacken=
ſtein gefaßt, und iſt in Fällen, wo das ſtär=
kere Waßer nicht dienlich iſt, anzurathen;
binnen einer Stunde liefert ſie 30. Maas oder
240. medizinal Pfund Waßer.

§. 5.

Noch oberhalb dieſer leztern Quelle und
jenſeits der Bach liegen ganz nahe beyſammen
2. ſteinerne Baſſins, wovon das große ein ſehr
ſtarkes Quantum Waßer enthält, das durch
unzählige Quellen und ein unaufhörliches ſtar=
kes Geſprudel beſtändig vermehrt wird. Das
kleinere ſchließt nur eine Quelle in ſich. Dieſe
beede Quellen ſind ſchwächer, unangenehmer
am Geſchmack, welcher auf den von Schwe=
felleber oder faulen Eiern ſich bezieht, ihre
Ausdünſtungen ſind ſtärker und ſchwefelartiger,
und ſie haben einen immerwährenden Cremor
oder dichte Fetthaut auf ſich. Zum Getränk
ſind ſie nicht wohl zu gebrauchen, dafür aber
haben ſie ſich ſchon ſeit vielen Jahren als ſehr
wirk=

wirksam beym äusserlichen Gebrauch erwiesen, und dahero den Namen der Badquellen sich zugezogen. Ihr Ausfluß ergießt sich in die angebrachten Röhren, und wird durch solche in das Badhaus und die Bütten weiter gebracht. Diese Röhren liegen auf dem Grund der Einfaßung, und da diese über 7. Schuh lang, 5. breit und 4. hoch, dabey beständig mit Waßer angefüllt sind, so ist leicht zu erachten, daß zu dieser Zeit wo gebadet werden soll, kein Mangel an Waßer, entstehen kan, indem alle Bütten reichlich angefüllt werden können. Ueberhaupt liefern alle Badquellen zusammen innerhalb einer Stunde über 120. Maaß oder über 920. Pfund Waßer. Da sie bey allen mit ihnen vorgenommenen Untersuchungen sich jederzeit vollkommen gleich waren; so werden sie in der Folge auch immer zusammen genommen, und gleichsam als von einer einigen Quelle von ihnen gehandelt werden.

§. 6.

§. 6.

Eine viertel Stunde von dem Dorf Schwol=
len und 2. Stunden von Birkenfeld kommen
aus dem Abhang eines rauhen Gebürges zwey
Quellen hervor, welche ein sehr angenehm,
nicht so streng schmeckendes Sauerwaßer lie=
fern, gegen Norden sind sie von dem Berg
unnschränkt, gegen Morgen, Mittag und
Abend liegen sie ganz frey. Die untere Quelle
davon liegt ganz nahe an einem unter ihr vor=
beyfließenden Bach, welcher ein angenehmes
Wiesenthal bewässert, und wurde bishero nur
als Viehtränke gebraucht. Die obere und
größere aber hat ihre Lage einige Schritte
weiter hinaufwärts an dem Berg, und von
dieser schöpfen die Landleute ihr Trink=
waßer.

Jede von ihnen ist zwar einfach, doch dau=
erhaft eingefaßt, und sind gegen den Berg zu,
mit einem halb offenen steinernen Dach verse=
hen, damit das bey starkem Regenwetter heru n=
ter strömende wilde Waßer, Steine un d

Schutt

Schutt dem Sauerwaßer nicht nachtheilig seyn oder die Quellen verschütten möchte. Dieses Sauerwaßer pflegt meistens nur von den dortigen Landleuten und Personen aus der Nachbarschaft getrunken zu werden, und ist, ob es gleich zum Theil im innern Gehalt der Hambacher Trinkquelle vorsteht, doch zum verführen nicht so geschickt, weil ihm die Dauerhaftigkeit mehr mangelt, und bey weiter Versendung und langem Stehen gerne fade und unschmackhaft wird. Aus diesem Grund und weil die Quellen in einer Gegend liegen, wo nicht gut Gebäude aufzuführen wären, hat man weiters keine andere Anstalten mit ihnen getroffen, als, daß solche immer in gutem Stand erhalten werden, und Cur-Gäste auf dem Hambacher Brunnen solches erforderlichenfalls, aus dem daselbstigen Magazin, oder auch täglich frisch von der Quelle haben können, da die Schwollener Quellen von den Hambacher nur 1. Stunde entfernt sind.

III.

III. Abſchnitt.

Beſtandtheile aller dieſer Sauerwaßer.

§. 1.

Schon durch Hülfe unſerer Sinne ſind wir
vermögend, die Beſtandtheile, und den inne-
ren Gehalt derer Sauerwaßer bey Hambach
und Schwollen im Oberamt Birkenfeld überhaupt zu beurtheilen. Ueberal wo dieſe Waßer entſpringen und hinfließen, in ihren Ein-
faßungen, in Gefäßen, und aller Orten, wo
ſie ruhig und dem Zugang der freyen Luft aus-
geſezt ſtehen, finden wir einen durch ſie abge-
ſezten gelbrothen, fett anzufühlenden Schlamm
— eine Anzeige einer mit Eiſentheilchen verbundenen Thonerde. Wir ſehen an Oertern,

und

und in Gefäßen, wo diese Waßer in freyer
Luft stille stehen, eine regenbogenfarbige Haut,
Sinnter, Fetthaut, oder Pfauenschwantz genannt, auf ihrer Oberfläche ausgebreitet —
einen gewöhnlichen Gefährten der Stahlwaß-
er. Wir nehmen in ihnen bey einer crystall
hellen Klarheit, ein stetes Aufsteigen von Luftblasen, und ein beständiges Sprudeln, also
viele fixe Luft, oder wie man es sonsten benennt hat, ein elastisch = ätherisches principi-
um gewahr. Wir bemerken bey ihnen Dämpfe
hervorsteigen, welche, das Gesicht darüber ge-
hälten, in der Nase prickeln, und bey trockner
Jahrszeit, wo das Waßer am stärksten ist, das
Athemholen etwas erschweren, in freyer Luft
aber geschwinde davon gehen; das heißt, wir
entdecken in ihnen einen vorzüglichen Bestandtheil
der mineralischen Waßer, nemlich einen
flüchtigen Schwefelgeist. Unser Geschmack verräth endlich bey ihnen eine wie Dinte gelinde zusammenziehende Säure — das sichere
Kennzeichen eines beygemischten vitriolischen
Wesens, oder auch vieler in dem Waßer ent-
halt-

haltenen fixen Luft, als welche demselben, durch
Beymischung alle Kennzeichen und Eigen=
schaften einer Säure mittheilt.

§. 2.

Selbst das umliegende Erdreich, und die in
der Nachbarschaft der Quellen befindliche Mine=
ralien, laßen nach dem bekannten Brunnen
Axiom: Tales sunt & judicantur aquæ, quales
sunt terræ, per quas aquæ transeunt & ef=
fluunt, auf die Bestandtheile unserer Sauer=
waßer einigen Schluß machen, denn, da erst
vor einigen Jahren die Besitzer des Abendtheu=
rischen Eisenwercks in dem Gebürg bey Hatt=
genstein, also ohnweit und gerade zwischen
den Hambacher und Schwollener Sauerquel=
len, zimlich reichhaltige Eisenerze gefunden,
und graben laßen, so kan man mit vieler
Wahrscheinlichkeit vermuthen, daß diese zuvor
schon mit dem sauren Schwefel=oder Vitriol=
geist geschwängerte Waßer, welche ohne zwei=
fel

fel durch Schichten von diesen Eisensteinen ge-
laufen, von ihnen etwas müßen aufgelößt haben, und also selbsten eisenhaltig geworden seyn.
Bekanntlich erhält auch Waßer, wenn es mit
fixer Luft geschwängert ist, alle Merkmale und
Eigenschaften einer Säure, so daß es Metalle
und vorzüglich Eisen auflößt, und dadurch den
Geschmack von Stahl-und Sauerbrunnen erhält, welches denn auch hier die Ursache,
warum unsere mineralische Waßer eisenhaltig und sauer sind, mit ist und seyn kan.

§. 3.

Schon hieraus könnte man die heilsamen
Wirkungen dieser Gesundbrunnen überhaupt
angeben, noch mehr aber und mit größerer
Genauigkeit wird dieses geschehen, wenn man
durch Hülfe der Scheidekunst die Bestandtheile
dieser Waßer, ihre Menge, Art und Beschaffenheit auseinander zu setzen sucht. Um dieses
desto zuverläßiger bewerkstelligen zu können,
wurde die chemische Untersuchung unserer Sau

C   erquel-

erquellen zu einer Jahrszeit vorgenommen, wo
durch die vorhergegangene trockene Witterung
die sogenannten Winter = Quellen ganzlich ver=
siegen gegangen, und also nicht zu besorgen
war, daß noch innerhalb des Erdreichs
wildes oder süßes Waßer den Sauerquellen
sich beygemischt habe, vielmehr die Bestandtheile
derselben am koncentrirtesten sich zusammen be=
finden mußten, wobey kurz zuvor die Einfaß=
ungen der Brunnen sorgfältig gereinigt, und
von allen beygemischten fremden Körpern ge=
säubert wurden. Die erste Untersuchung nahm
ich mit denen beeden Schwollener Quellen, de=
nen beeden Hambacher Badbrunnen, und der
damalen noch in Marmor eingefaßten Ham=
bacher Trinkquelle im Junius 1778. vor, und
da bey dieser Analyse sich gezeigt, daß letztere
Quelle nicht mehr so stark seye, als in den
ältesten Zeiten, so wurde solche im Jahr 1781.
mit der Albertus = Quelle, nachdem sie anders,
nemlich in Wackenstein war gefaßt worden,
noch einmal untersucht. Hier aber zeigte sich,
daß durch diese neuere Einfaßung keineswegs

der

der Endzweck, nemlich die Verbeßerung des
Waßers seye erreicht worden, vielmehr daſſelbe
an seiner Stärke, Dauerhaftigkeit, Klarheit
und Ergiebigkeit großen Abbruch erlitten habe.
Es wurde demnach im Jahr 1782. eine aber‐
malige neue Einfaßung mit dieser Hambacher
Trinkquelle, wie im 2ten Abschnitt §. 3. be‐
reits erzählt worden, vorgenommen, wobey
sich die bishero zugedammte Sauerquelle vor‐
fand, welche in die neue Einfaßung gebracht,
dem Waßer sogleich viele Klarheit, stärkeres
Sprudeln, schärfern Geschmack, und wahr‐
scheinliche Vermehrung der Bestandtheile zuwe‐
gebrachte. Um sich nun von letzterm zu über‐
zeugen, wurde 6. Wochen nachhero, den 30ten
Juli 1782., nachdem das Waßer gänzlich be‐
ruhigt, die Einfaßung mit dem abgesetzten
Ocher überzogen war, und also das Waßer
gleichsam in seiner eigenen Hülle lag, eine
nochmalige Untersuchung mit dieser Hamba‐
cher Trinkquelle vorgenommen, und die in der
Folge vorkommende Resultate der Untersuch‐
ungen, so wie die im 2ten §. des 2ten Abschnitts

ent‐

enthaltene Beschreibung dieser Quelle, sind immer von dieser neuesten, daß heißt vom Jahr 1782. zu verstehen. Alle diese Untersuchungen habe ich so viel möglich unter einerley Umständen, immer nach einer schon einige Zeit angehaltenen trockenen Witterung, zu einerley Tagszeiten, nemlich von Morgens um 5. bis 11. Uhr, jederzeit bey heiterem Himmel, mit auf ein-und die nemliche Art verfertigten Auflösungen und andern chemischen Körpern an den Quellen selbst sorgfältig vorgenommen, nach jeder Beymischung eines dieser Körper zu dem Waßer blieb das Gemischte, um hinreichende Zeit zur præcipitation zu haben, 12. Stunden lang unverrückt stehen. Von jeder Quelle wurden endlich in allhiesiger Apothecke von dem Herrn Apothecker Euler undmir, eine gleich starke Menge Waßer destillirt, und ein andere eben so starke abdedünstet, (außer bey der Hambacher Trinkquelle, wo das lezteremal eine gedoppelte Menge Waßer genommen wurde,) sodann das daher erhaltene bey jedem besonders auf die nemliche Art

unter-

unterſucht, wie ſolches in folgendem, mit meh-
rerem wird erwieſen werden.

§. 4.

An den Quellen ſelbſt wurde mit folgenden Körpern Unterſuchungen angeſtellt:

1. Die 3. mineraliſche Säuren machten
beym Eintröpfen in dieſe Waßer eine Gäh-
rung, ſie erzeugten in ihnen Luftblaſen,
welche ſich wie Perlen an dem Rande
der Gläſer anſetzten, und es zogen ſich
weißlichte Wölkchen aus der Mitte des
Glaſes gegen den Boden deſſelben herunter; nur mit dem Unterſchied, daß der
Vitriolgeiſt dieſe Erſcheinungen am ſtärkſten, der Salpetergeiſt etwas ſchwächer,
und der Salzgeiſt am allerſchwächſten hervor brachte; außer bey beeden Schwollener und der Hambacher Trinkquelle,
wo das Aufbrauſen vom Salpeter Geiſt
am ſtärkſten war. Unter allen Quellen

braußten

braußten beym obigen Eintröpfen auch
eben diese durchgeh ends am stärksten auf,
es entwickelte sich bey ihnen auch mehrere
Luft, und die Perlen am Rande der Glä=
ser waren gröser und dauerten länger,
als bey den übrigen ; auf sie folgte die
Albertus Quelle. Die Badquellen leiste=
ten das wenigste von obigem.

2. Der blaue Violensaft wurde von allen
Quellen durchaus grün gefärbt, so wie
auch

3. Die Lackmus Tinctur das Waßer von
der Hambacher Trinkquelle kirschroth
färbte, ohne einen Bodensatz zurück zu
laßen. Bey den Schwollener und Bad=
brunnen hingegen bekam das Waßer eine
hochrothe Farbe, bey der Albertus
Quelle aber machte diese Auflösung das
Waßer anfangs milchigt, hernach hellroth
mit einer erstaunenden Efferverzenz, oben
setze es einen weißen Cremor, wurde
noch

nach und nach bis zur Hälfte des Glaſes
wiederum hell, weiß und durchſichtig, doch
ohne daß man einen Niederſchlag wahrnehmen konnte.

4. Aufguß von grünem Thee, von Gra-
naten-Bluthe, Tormentill - Wurzel und
von Eiſenſpänen färbte jedes das Sauerwaßer braun.

5. Aufguß von Galläpfeln gab dem Waßer
von den Schwollener - und der Hambacher Trinkquelle eine ganz ſchwarze
Farbe, wie Dinte, und einen auf der
Zunge zuſammen ziehenden Geſchmack, wie
Vitriol. Bey letzterer Quelle erfolgte noch
nach einiger Zeit ein brauner Bodenſatz. Die
Albertus Quelle und die Badbrunnen
wurden von dieſem Aufguß dunckelroth
gefärbt ohne Niederſchlag, auch zeigte
ſich bey ihnen der wie Dinte zuſam-
menziehende Geſchmack nicht ſo ſtark wie
bey den erſtern.

6. Zerfloſſenes Weinſtein = Oel machte in allen Quellen einiges Aufbrauſſen, mach= te das Waßer derſelben ein wenig trübe, und verurſachte nach einigen Stunden ei= nen Niederſchlag eines zarten Pulvers, das bey der untern Schwollener Quelle am ſtärkſten und häufigſten war.

7. Mit ungelöſchtem Kalk zubereiteter Sal= miack Geiſt verurſachte in allen Waßern ein Aufbrauſſen, jedoch in der Hambacher Trinkquelle am ſtärkſten, nach und nach zogen ſich weißlichte Wölckchen von der Mitte der Gläſer gegen den Boden zu herunter, und es erfolgte hieraufein Satz, welcher bey der Hambacher Trink= und untern Schwollener Quelle weiß , bey der obern aber und den Badbrunnen gelblich war , welche letztere anfangs auch bey der Beymiſchung des Salmiackgeiſts trübe, wie Leimen Waßer geworden. Bey der Albertus Quelle ließen ſich weder die weiße Wölckchen noch der Nieder= ſchlag wahrnehmen.

8.

8. Kalkwasser mit Sauerwasser vermischt, machte anfangs einige Trübung und Aufbraussen, das Sauerwasser wurde etwas milchigt, und der Kalk fiel nach und nach in demselben zu Boden.

9. Die mit abgezogenem Regenwasser gemachte Auflösung des Bleizuckers, machte das Wasser aller unserer Sauerbrunnen trübe, milchigt, jedoch ohne darauf erfolgenden merklichen Niederschlag, ausgenommen bei der untern Schwollener Quelle.

10. In Regenwasser aufgelößter Sublimat, machte das Wasser von allen Quellen trübe, gab ihnen eine milchigte, undurchsichtige Farbe, die sich nach und nach wieder aufhellte, nachdem sich ein weißes Präzipitat eingestellt hatte; nur bei der Albertus = Quelle blieb das Wasser durchsichtig, auch erfolgte kein Niederschlag, hingegen beim Eintröpfen einiges Aufbraussen. 11. Von

11. Von dem in Salpetergeiſt aufgelößten Queckſilber erfolgten die nemlichen Erſcheinungen, wie bey Nro. 10, nur daß in allen das Aufbrauſſen, und zwar ſtark zu bemerken war, und daß in jeglichem Waſſer ein weißes Pulver zu Boden fiel.

12. Die mit Salpetergeiſt gemachte Silber-Auflößung machte bey jeder von unſern Quellen eine beſondere Erſcheinung. Das Waſſer von der Hambacher Trink-quelle wurde dunkelgrün, von der untern Schwollener und den beeden Badquel-len weißgrünlicht, von dem obern Schwol-lener Brunnen milchigt, und endlich von der Albertusquelle hellgrün gefärbt, in welcher auch beym Eintröpfen ein ſo ſtar-kes Aufbrauſſen erfolgte, daß es ſchäumte, und ſich hernach ein weislichter Cremor oben am Glas anſetzte. Alle Waſſer be-kamen ein weißlichtes Präzipitat, das je-doch bey der Trink = und Albertusquelle weniger merklich war.

13. Die

13. Die Kupferauflösung gab dem Waſſer von allen Quellen, eine hellgrüne Farbe, auſſer bey der Albertusquelle, wo ſie weißgrün wurde ; in allen warf ſich etwas weniges von einem weißlicht grünen Satz zu Boden, und bey der obern Schwollener Quelle entſtand beym Eintröpfen einiges Aufbrauſſen, bey keiner aber konnte ich, wie Ravenſtein ſahe, einen Cremor oben erblicken.

14. Von der mit Vitriolgeiſt zubereiteten Eiſenauflöſung, bekam das Waſſer von dem Schwollener Trinkbrunnen eine hellbraune Farbe, und einen Bodenſatz, der dem mineraliſchen Kermes glich ; in den übrigen Quellen wurde die Farbe des Niederſchlags dunkelbraun, in allen aber gab es etwas Efferveſcenz.

15. Die Blutlauge machte überall das Waſſer aufangs undurchſichtig, dunkelblau, hernach blaulicht, endlich ſetzte ſich ein
dun-

dunkelbraunes Sediment zu Boden, bey
dem Hambacher Trinkbrunnen aber ein
bläulichtes.

16. Eben dieses erfolgte, nachdem in die
verschiedene Sauerwasser zuerst war Sal-
petergeist gegossen, und denn von der
Blutlauge war beygemischt worden.

17. Der Macquerische Metall = Probe = Liquor, eine mit einem Feuer beständigen
Laugensalz gemachte Auflößung des Ber-
linerblau, färbte das Wasser durchaus
hellblau, und präcipitirte nach einiger
Zeit sehr viel von einem blauen Pulver,
wornach das oben stehende Wasser wiederum weiß und klar wurde.

18. Schwefelleber mit Sauerwasser vermischt, machte bey allen Quellen dasselbe
anfangs gelb, hernach weiß grünlicht,
denn weiß, dick und undurchsichtig wie
Milch, endlich aber verwandelte es sich
in eine schwärzlichte Farbe.

19. Auch mit einem eisernen Cubikzoll wur=
den, um die innere Schwere dieser
Waſſer zu erforſchen, Verſuche angeſtellt,
denen zufolge dieſer Cubickzoll, welcher auß=
ſerhalb dem Waſſer 2 Unzen und 4 Skru=
pel wog, bey der untern Schwollener
Quelle an ſeinem Gewicht verlohr 2
Quentchen und 24 Gran, bey der obern
Schwollener 2 Quentchen und 22 Gran,
bey dem Hambacher Trinkbrunnen 2
Quentchen und 26 Gran, bey den Bad=
brunnen 2 Quentchen und 10 Gran,
endlich bey der Albertusquelle 2 Quent=
chen und 6 Gran. Eben ſo viel als in
letzterer verlohr er aber auch in dem Birken=
felder reinen Quellwaſſer.

20. Ein Birkenfelder halb Schoppen Glas,
mit hieſigem ſonſt ſehr reinem Brunnen=
waſſer angefüllt, deſſen Waſſer ohne Glas
14 Unzen gewogen, wurde nach und nach
mit den verſchiedenen Sauerwaſſern ge=
füllt, da man denn fand, daß $\frac{1}{2}$ Schop=
pen

pen Sauerwaßer von dem Schwollener Trinkbrunnen 11 Unzen, von der untern Quelle daselbsten, 11 Unzen 2 Quentchen, von der Hambacher Trinkquelle, 10½ Unzen und 7 Quentchen, von den Badbrunnen 11½ Unzen, und endlich von der Albertusquelle 12 Unzen an Apotheckergewicht betrug.

21. Silber und Eier über Nacht in diese Waßer gelegt, wurden mit einem braunlichten Schlamm überzogen, besonders aber war dieser bey den Badbrunnen stärker und dunkler, und das Silber lief schwärzlicht an.

22. Sechs verschiedene Gläser mit den verschiedenen Sauerwaßern gefüllt, zu gleicher Zeit den 2ten August 1782 in ein Gefäß mit heißem Waßer gestellt, brachten die Erscheinung hervor, daß eine große Menge Luftblasen lange Zeit in denselben in die Höhe stiegen, und sich viele Perlen an

den

den Rändern der Gläſer anſetzten, welches Aufſteigen der Luftblaſen bey der Hamba= cher Trinkquelle am längſten dauerte und am ſtärkſten geweſen, ſo daß dieſe Blaſen ſich über die Oberfläche des Waſſers her= aus begaben, und da in freyer Luft zer= platzten, auch die Perlen bey dieſem Waſ= ſer am gröſten geweſen.

23. Sauerwaſſer in Krüge gefüllt, dieſe zu= gepfropft, und an das Feuer oder in die Sonne geſtellt, trieben den eingeſchlage= nen Stöpſel in die Höhe, und öfters warf es denſelben mit groſer Gewalt heraus; waren aber die Krüge zugepfropft und verpicht, ſo zerſprang nicht ſelten der Krug in Stücken.

24. Vermöge der im Vorbericht angezeigten, von Herrn Profeſſer Spielmann zu Straß= burg angegebenen Vorſchrift, die Menge der fixen Luft in den Sauerwaſſern zu erforſchen, wurden nach und nach und bey trockenem heitern

heiterm Wetter, den 20ſten Auguſt 1783
an den Quellen ſelbſt von jedem unſerer
Sauerwaſſer 24 gemeſſene Unzen Waſſer
in eine Bouteille gefüllt, ſo daß ſolches
bis an den Hals derſelben reichte, um
dieſen eine von aller gemeinen Luft durch
ſtarkes Umwinden mit Bindfaden befreyte
Schweinsblaſe gebunden, ſodann die Bouteille in ein Gefäß mit Waſſer geſetzt, ſolches in ein Sandbad geſtellt und Feuer
darunter gemacht.

Nun befreyte ſich durch das Aufſteigen unendlich
vieler Luftblaſen, die in den Waſſern enthaltene
fixe Luft, ſtieg in die vorgebundene Blaſe und
dehnte dieſe aus ; nachdem das in dem Gefäß
enthaltene Waſſer eine Zeitlang geſotten hatte,
nahmen die aufſteigende Luftblaſen ab , und die
vorgebundene Blaſe dehnte ſich nicht mehr weiter
aus. Jezo wurde die Peripherie und die Länge
der ausgedehnten Blaſe mit Bindfaden gemeſ-
ſen, das Waſſer in dem Gefäß durch Zugie-
ſung von kaltem Waſſers abgekühlt, die Blaſe von
dem

dem Hals der Bouteille abgebunden, die Luft
aus ihr herausgepreßt und sie alsdann wieder
mit Wasser angefüllt bis auf denjenigen Grad der
Ausdehnung, welchen sie durch die hineinge‑
drungene fixe Luft erhalten hatte. Da fand sich
nun, daß bey der Hambacher Trinkquelle von
24 gemessenen Unzen Wasser, die Blase soweit
ausgedehnt worden, daß 32 Unzen Wasser er‑
fordert wurden, sie wieder auf diesen Grad
der Ausdehnung zu bringen. Bey der Albertus‑
quelle waren 24 Unzen nöthig, bey den Bad‑
quellen nur 20, bey der Schwollener Trink‑
quelle 26 und bey der dortigen untern Quelle
25 Unzen. Um nun zu sehen, in welchem
Verhältniß das Sauerwasser mit andern ge‑
meinen Wassern in Absicht der fixen Luft stehe,
nahm ich auch 24 Unzen Bachwasser aus der
Hainbach, mit welchem jedoch immer etwas
Sauerwasser vermischt ist, verfuhr damit auf
die nemliche Art, wie mit den Sauerwassern, und
brauchte nicht gar 13 Unzen Wasser zum Anfüllen
der ausgedehnten Blase. So genau und vor‑
sichtig auch mit diesen Versuchen zu Werk ge‑

gangen

gangen wurde, so ist doch nicht zu läugnen, daß bey dem Abbinden und Messen nichts sey von der firen Luft verlohren gegangen, und kann ich ganz sicher annehmen, daß bey jeder dieser Art Wasser, wenigstens ein solcher Verlust, als 2. Unzen Wasser zum Anfüllen brauchen, anzunehmen sey, welche 2. Unzen man demnach ohne Anstand zu dem Quantum der obigen Summen rechnen müßte. Da nun nach physischen Beobachtungen und Berechnungen bekannt ist, daß 1. Unze Wasser einen Raum von 1,5415. Cubick Zollen Luft anzeigt, so ist leicht zu berechnen, wie groß die Masse der gesammten firen Luft in jeglicher dieser Art Sauerwasser sey; auch erhellet aus diesem Versuch der große Unterschied zwischen der Menge firen Luft, welche in den Sauerwassern, und zwischen der, welche im fließenden Bachwasser, womit doch selbsten noch Sauerwasser vermischt ist, enthalten sey.

§. 5.

§. 5.

Um noch genauer von der Menge, Art
und Beschaffenheit der in unsern Sauerbrunnen enthaltenen Bestandtheile unterrichtet
zu werden, wurden von jeder der 6. Quellen
18. medizinal Pfund Wasser, bey gelindem
Kohlen Feuer, in hiesiger Apothecke bis zum
Trocknen abgedünstet. Der Rest davon, eine
gelblicht lockere Masse betrug:

Gran.

1. Beym Schwollener untern Brunnen = 110.

2. Beym dortigen obern = = = = 84.

3. Bey der Hambacher Trinckquelle = 81.

4. Bey den beeden Badquellen = = 42.

5. Bey der Albertusquelle = = = = 26.

Dieses wurde, jedes besonders mit einer hin-
länglichen Menge Regenwasser digerirt, filtrirt, sodann das Durchgesiehene ad cuticulam
evaporirt, und an einen kühlen Ort zur Cry-
stallisation hingestellt, wo es nach einiger Zeit
ohne in Crystallen zu schiesen, zu einem sehr
zarten und feinen Pulver austrocknete. Die-

D 2

ses

ſes war ein Salz von einer alkaliſchen Art,
denn auf der Zunge brennte es ſcharf, mit
allen Säuren bräußte es ſtark auf, den Vio-
lenſaft färbte es grün, mit dem Vitriolgeiſt
bis zur Sättigung vermiſcht, wozu aber über
2. Theile von der Vitriolſäure erfordert wurden, machte es in der Cryſtalliſation ein voll-
kommenes Glauberiſches Wunderſalz, wodurch es ſowohl ſeinen mineraliſchen Urſprung,
als auch ſeine feuerbeſtändige Natur verräth,
welche letztere auch noch mehr dadurch erhellt,
daß es im Feuer nicht davon geht, die Kupfer Solution unverändert grün läßt, und die
Quekſilber Auflöſung gelb niederſchlägt, hingegen in freyer Luft zerfließt. Dasjenige vom
Ueberbleibſel nach der Abdünſtung, ſo ſich in
dem Regenwaßer nicht auflößte, und im Fil-
trum zurück blieb, war Erde; ſie zu erforſchen, wurde der Salpeter Geiſt hinzugegoſſen,
woraus ſogleich ein ſehr ſtarkes Aufgähren
und eine beträchtliche Auflöſung erfolgte, eine Anzeige eines groſen Theils von alkali-
ſcher Erde, deren Daſeyn noch überdies daraus
erhellet,

erhellet, weil dieſe Auflöſung im Salpeter-
Geiſt in Geſtalt eines weißen Pulvers, von
dem Vitriolgeiſt niedergeſchlagen wurde, das
getrocknet an Glanz und beynahe kryſtalliniſcher
Geſtalt, einen wahren Seleniten darſtellte.
Der Ueberreſt dieſer Erde, welcher nicht von
dem Salpetergeiſt aufgelöſt worden, war von
braungelber Farbe, und allen Kennzeichen
nach?. eine wirkliche Thonerde, denn ihre
Theile hiengen feſte zuſammen, waren fett an-
zufühlen, ließen mit etwas Waſſer angefeuch-
tet, ſich bilden, in einem Tiegel, bey genug-
ſamem Feuer wurden ſie hart, und behielten
alle zuvor erhaltene Eindrücke und Figuren
bey. Auf die eine Hälfte dieſer Thonerde,
wurde eine hinreichende Menge Vitriolgeiſt
gegoſſen, und damit etwas digerirt, endlich
filtrirt, das Filtrirte wieder in 2. Theile ge-
theilt, und zu der einen Hälfte von der
Blutlauge, zu der andern aber vom Macqueriſchen Metall = Probe = Liquor geſchüttet,
da denn jedes von ihnen eine kleine Portion
eines glänzenden dunkelblauen feinen Pulvers zu

D 3 Boden

Boden warf. Es war aber so wenig, daß man
es nicht genau nach dem Gewicht bestimmen
konnte, doch sah man, daß der Magnet von
solchem etwas anzog, und daß bey der Hambacher Trinkquelle am meisten davon da war,
nemlich zwischen $1\frac{1}{2}$ und $1\frac{1}{3}$ Gran; bey den
übrigen aber kaum ein Gran. Die andere
Hälfte dieser Thonerde wurde calcinirt, ab-
gewaschen, wieder getrocknet, hierauf der
Magnet darüber gehalten, da denn dieser von
dem, aus der Hambacher Trinkquelle, abermalen etwas mehr als einen Gran heraus
zog, von den übrigen aber nur ohngefehr $\frac{2}{3}$
Gran, daß also die Eisentheile bey der erstern
in 18. Pfund Wasser etwa $2\frac{2}{3}$ Gran, bey
den übrigen aber höchstens $1\frac{1}{3}$ Gran ausmachen möchten.

§. 6.

Aus nachstehender Tabelle ist der innere
Gehalt, die verschiedene Art und Beschaffenheit derselben, so wie auch die unterschiedene
Menge und Gewicht bey dem Wasser aus jeder Quelle zu ersehen, nemlich

18. medizinal Pfund Sauerwasser lieferten.

	Laugensalz Gran.	Kalkerde Gran.	Thonerde Gran.	Eisen Gran.	Summa. Gran.
1. Von der Schwollener untern Quelle = "	23.	74.	$11\frac{1}{3}$.	$1\frac{2}{3}$.	110.
2. Von der obern daselbsten = = = "	21.	52.	$9\frac{1}{3}$.	$1\frac{2}{3}$.	84.
3. Von der Hambacher Trinkquelle " = "	$8\frac{1}{2}$	50.	20.	$2\frac{2}{3}$.	81.
4. Von jedem der beeden Badbrunnen "	5.	31.	$4\frac{1}{3}$.	$1\frac{2}{3}$.	42.
5. Von der Albertus Quelle = = = "	$1\frac{1}{2}$	15.	8.	$1\frac{2}{3}$.	26.

§. 7.

Endlich ließ ich von jeder Quelle 18. medizinal Pfund Sauerwasser bis auf ein drittheil abbeſtilliren, da denn das in die Vorlage herüber gekommene Waſſer, auſſer einem etwas ſchweſlichten Geruch, nicht das mindeſte mehr bey ſich führte, denn mit den meiſten im §. 4. erzählten Verſuchen, wurden auch hier, doch ohne etwas beſonders zu bemerken, Proben angeſtellt. Aus dem aber noch in der Retorte zurückgebliebenen, bis auf ⅛ abbeſtillirten etwas dicken Waſſer, präcipitirte ſich nach dem Erkalten ein feines Pulver, welches ſtark calcinirt, und mit Salpeter nachmals vermiſcht wurde, wodurch die ganze Maſſe, bis auf eine geringe Portion, darinnen aufgelöſt wurde. Auf das nicht Aufgelöſte wurde zu verſchiedenen malen reines Regenwaßer gegoſſen, damit abgewaſchen, und wieder getrocknet, wornach eine Maſſe zurück blieb, die an den Magnet ſich ganz anhieng. Jenes in der Retorte zurück-
geblie-

gebliebene Waſſer, von dem ſich bereits das
feine Pulfer durch den Niederſchlag von ſelb=
ſten getrennt hatte, wurde endlich bey gelin.
dem Feuer inſpiſſirt, welches Inſpiſſat aus ei=
nem Laugenſalz und Kalkerde allein be=
ſtand. — Es lieferte demnach auch dieſe
Unterſuchung, eben wie die durch das Ab=
rauchen, die nemliche Beſtandtheile, Laugen=
Salz, Kalkerde und Eiſentheile.

§. 8.

Noch nahm ich von dem an allen dieſen
Quellen häufig abgeſetzten gelbrothen Schlamm,
Ocher genannt, und zwar von der Hambn.
cher Trinkquelle zwey Unzen, calcinirte ſolchen,
und da entſtand, ein der Farbe und allen
ſonſtigen Kennzeichen nach, vollkommener Ei=
ſen Saffran, nicht gar eine Unze am Ge=
wicht, welcher aber nicht, wie Ravenſtein
ſagt, vom Magnet angezogen wurde, ſon=
dern erſt alsdann, als zu ihm ein Theil
Kohlenſtaub, und zwey Theile Salpeter ſei=

nes

nes Gewichts beygeſetzt und alſo ein wirkli=
ches Eiſen daraus gemacht wurde.

§. 9.

Aus allen nun bishero erzählten, von mir
auf das genauſte ohne eigennützige Abſichten
oder Vorurtheil angeſtellten Verſuchen, kann
man mit Gewisheit folgende Stücke als we=
ſentliche Beſtandtheile aller unſerer Sauer=
brunnen, beedes bey Hambach und Schwollen
angeben, nemlich: Feuerbeſtäudiges Laugenſalz,
eine Kalk= und Thonerde mit Eiſentheilen,
flüchtigen Schwefel= oder Vitriolgeiſt und vie=
le fixe Luft, nur daß in dem einen meh=
rere Beſtandtheile anzutreffen ſind, als in dem
andern, ſo, daß die Albertus=Quelle die ge=
ringſte, beede Bädbrunnen etwas ſtärker und
reichhaltiger am Schwefelgeiſt ſind, die Ham=
bacher Trinkquelle noch ſtärker als beede, die
Schwollener obere Quelle auch dieſe über=
trift, und endlich die untere daſelbſten in An=
ſehung des in ihr enthaltenen Salzes und der
Kalk=

Kalkerde die allerstärkste ist, dabey sie aber
nebst der obern Schwollener wenigere Eisentheile und fixe Luft, als der Hambacher
Trinkbrunnen, und wenigern Schwefelgeist
als die Badbrunnen enthalten, und dahero
auch zum Verführen nicht so gut zu gebrauchen sind, weil sie die Haltbarkeit nicht haben, und demnach gerne verderben. Solches
habe noch in diesem Sommer wahrgenommen, als in des hiesigen Herrn Obervogt und Cammerherrn, Freyherrn von Liebensteins Behausung Probkrüge vom vorigen
Sommer von Pyrmonter, Schwalbacher,
Hambacher und Schwollener Sauerwasser
aufbehalten, und von demselbigen und mir
sind eröffnet worden, wo denn die 3 erstere
Wasser noch eben so hell, klar, frisch und
stark schmackhaft gewesen, auch in den Gläsern
noch eben so viele Luftblasen und starke Perlen
gegeben, als das Jahr zuvor, da die nemliche
Untersuchung mit diesen Wassern von uns vorgenommen wurde. Hingegen war das Schwollener Wasser zwar auch noch helle und klar,

hatte

hatte aber nicht den geringsten Geschmack von Sauerwasser mehr, sondern schmeckte vollkommen wie süßes Wasser, gab auch, es mochte inn= und ausserhalb warmen Wassers gestellt werden, keine Anzeige mehr von enthaltender fixen Luft, indem weder Luftblasen aus demselbigen hervorstiegen, noch Perlen am Rande des Glases sich ansetzten, und doch war dieses Wasser in den Krügen eben so gut verpicht und aufbehalten worden, wie die andere und bey den andern.

§. 10.

Das Daseyn der fixen Luft, oder wie es sonsten ist benennt worden, des elastisch ätherischen Prinzipium in unsern Wassern siehet man aus dem unaufhörlichen Aufsteigen von Luftblasen, dem starken Gesprudel des Wassers in der Einfassung dieser Quellen, und dem dahero auch bey der strengsten Kälte niemals zu erfolgendem Zufrieren des Wassers in solchen, aus dem Anhängen vieler Perlen an

dem

dem Glaſe, worinn das Sauerwaſſer
friſch von der Quelle geſchöpft worden, oder
auch, wenn ſolches in ein Gefäß mit warmem
Waſſer geſtellt worden, nach III. Abſchnitt §.
4. Nro. 22. aus dem was Nro. 23. dieſes
§. iſt angemerkt worden, da ſolches doch bey
dem gemeinen Waſſer nicht ſo leicht zu geſche-
hen pflegt; am allerdeutlichſten aber aus dem
Nro. 24 beſchriebenen Verſuch durch Auffan-
gen und genauer Beſtimmung der Menge
der fixen Luft vermittelſt Austreibung derſelben
durch die Hitze in vorgebundene Blaſen.

§. 11.

Den flüchtigen Vitriol- ober Schwefelgeiſt
erkennt man aus dem Aufſteigen, das Athem
holen etwas beſchwerender, und die Naſe prick-
lender Dämpfe aus dem Waſſer in der Quelle; aus dem von mir angeſtellten Verſuch,
wo Waſſer aus dieſen Sauerquellen, das einige Tage in freyer Luft geſtanden, alſo ſei-
nes flüchtigen Geiſtes beraubt, trüb und un-
ſchackhaft

schmackhaft gemacht worden, sich sehr schnell und weit geschwinder von beygemischtem Schwe= fel= oder auch Vitriolgeist aufhellte, als wenn andre saure Geister zugegossen wurden. Es muß demnach ein Schwefelgeist gewesen seyn, der in freyer Luft davon gieng und das Wasser trüb zurück ließ, weil solches sogleich seine vo= rige Klarheit wieder annahm, als ihm Schwe= fel= und auch Vitriolgeist zugegossen worden. Ferner erhellet die Gegenwart eines Schwefel= geists in unsern Wassern daraus, daß Silber, welches eine Nacht durch in diese Wasser gelegt worden, schwärzlicht anlief, daß eben dieses bey hineingelegten Eyern erfolgte (III. Abschnitt §. 4. Nro. 21.) und daß die blaue Lackmuß= Solution roth gefärbt wurde, Nro. 3. — Er= scheinungen, welche nur durch die Vitriol= und Schwefel=Säure hervorgebracht werden. Die= ser flüchtige Schwefelgeist, verbunden mit der fixen Luft, sind die einzigen Ursachen der Leich= tigkeit und Durchdringlichkeit unserer Mineral= wasser. Diese beede Prinzipien sind schuld, daß sie niemalen an der Quelle zufrieren.

§. 12.

§. 12.

Das feuerfeste Laugenſalz zeigt ſich durch das Aufbraußen dieſer Waſſer mit den Säuren, nach Nro. 1. des 4ten §. im III. Abſchnitt; aus der veränderten blauen Farbe des Violenſafts in eine grüne, ebendaſelbſt Nro. 2. aus dem nach der Beymiſchung des Sauerwaſſers zum Kaltwaſſer erfolgten Niederſchlag des Kalkes Nro. 8., ferner aus den Verſuchen Nro. 12. 13. und 14., am vorzüglichſten aber aus der im Regenwaſſer geſchehenen Auflöſung eines Theils des nach dem Abrauchen des Sauerwaſſers übrig gebliebenen Weſens (III. Abſchnitt §. 5.) welches, wie alle feuerbeſtändige ſehr reine Laugenſalze, nicht in Cryſtallen aiſchoß, ſondern nach abgedünſtetem wäßerichten Theil zu einem feinen weißlichten Pulver austrocknete, (verglichen mit Krügers Chemie pag. 118.) aus dem Uebergang dieſes Salzes nach geſättigter Beymiſchung der Vitriolſäure in ein Glauberiſches Wunderſalz, aus ſeinem Aushalten im Feuer, Zerflieſen in freyer Luft, aus dem gelben

ben Niederschlag bey seiner Beymischung zu
der Queckſilber-Auſtöſung und endlich aus der
unverändert gebliebenen Farbe der Kupfer-Auf-
löſung, nach §. 5. des III. Abſchnitts.

§. 13.

Die in den Sauerwaſſern enthaltene viele
Kalk-Erde wird erwieſen durch den erfolgten
Niederſchlag eines weißen Pulvers und der mil-
chigten Farbe nach eingetröpfeltem Salmiakgeiſt
(III. Abſchnitt §. 4. Nro. 7.) nach zugegoſſe-
nem Weinſtein Oel Nro. 6., nach beygemiſchter
Bleyzucker-Auſtöſung Nro. 9., nach zuge-
ſchütteten Queckſilber-Solutionen Nro. 10.
und 11. nach beygegoßener Silber-Auſtöſung
Nro. 12.; dadurch, daß nach dem Abrauchen
der Waſſer viele Kalk-Erde zurück blieb, die
durch das Aufbrauſen und Auſtöſen im
Salpetergeiſt, und durch den Niederſchlag eines Seleniten nach beygemiſchtem Vitriol-
Spiritus hinlänglich erweislich iſt, III.
Abſchnitt §. 5. Daß in den beeden Badquellen

len nach §. 4. Nro. 7. dieses Abschnitts bey
dem Einträsten des Salmiakgeists das Wasser
leimicht und der Niederschlag gelblicht wurde,
rührt vermuthlich daher, weil diese Quellen damals noch nicht so dauerhaft eingefaßt
waren als gegenwärtig, und demnach leicht
aus dem angränzenden Moorboden Sumpf-
wasser sich in die Quellen konnte gezogen
haben.

§. 14.

Die Gegenwart einer wirklichen Thonerde
habe ich oben im 5ten §vo. dieses Abschnitts
schon erwiesen. Endlich zeigen sich die Eisentheile dadurch, daß diese Wasser den Thee-
Tormentill- Granatblüthen- und Eichenrinde-
Aufguß braun, das Galläpfel-Jnfuß aber
dunkelroth und schwarz färbten, (III. Abschnitt
§. 4. No. 4. und 5.) dadurch, daß die Wasser
einen etwas stumpfen vitriolischen Geschmack
haben, welches einen wirklichen feinen Eisen-
Vitriol, oder vielmehr eine durch die Schwe-
E felsäure,

felſáure, oder auch durch die fixe Luft erfolgte
Auflößung von Eiſentheilen verrathet; dadurch,
daß die Blutlauge und das aufgelößte Ber=
linerblau nach §. 4. Nro. 15. 16. und 17.
das Waſſer blau fárbten, ferner jene
ein dunkelbraunes, der Macqueriſche Metall=
Probe = Liquor aber ein blaues Sediment zu
Boden warfen; dadurch, daß die Schwefel=
Leber das Waſſer ſchwárzlicht gefárbt Nro. 18.
dadurch, daß aus dem calcinirten præcipitat
von dem zurückgebliebenen Waſſer in der Re=
torte nach der Deſtillation durch öfteres Abſpie=
len wircfliche Eiſentheilchen ſich zeigten,
die vom Magnet angezogen wurden; dadurch,
daß nach der vorgenommenen Digeſtion der
Thonerde mit dem Vitriolgeiſt und nachmali=
ger Eintröpflung der Blutlauge, wie auch des
Macqueriſchen Metall = Probe = Liquors von bee=
den ein dunkelblauer, wieder mit metalliſchem
Glanz verſehener Bodenſatz erfolgte, welcher
von dem Magnet ein wenig angezogen wurde,
(indem dieſer Liquor alle metalliſche und halb
metalliſche Solutionen grau oder gelblicht,

das

Eisen aber allein präcipitirt.) Endlich zeigen sich
die Eisentheile durch die nach §. 8. dieses Abschnitts mit dem Ocher angestellte Versuche
am unwidersprechlichsten.

§. 15.

Zu den bereits angegebenen Bestandtheilen
dieser Wasser kommt noch, daß sie eine sehr
große Klarheit besitzen, ein Beweiß, daß die
mineralische Bestandtheile mit den Wasserthei-
len so genau und innigst vereiniget sind,
daß sie die Zwischenräume das Wassers nicht
verdunkeln; sodann besitzen sie bey ihrem starken
innern Gehalt eine große Leichtigkeit. Jener erhellet aus dem verschiedenen Verlust des Gewichts, welchen der eiserne Cubickzoll in ihnen
nach §. 4. Nro. 19. erleidet, diese aber aus
dem 20sten Versuch daselbst, nach welchem ein
hiesiger halber Schoppen Wasser noch bey kei-
nem von allen unsern Sauerwassern über ein
medizinisch Pfund gewogen, da doch das hiesige, sonsten auch gewiß sehr reine Brunnen-

wasser

waſſer von der beſten Quelle 14. Unzen auf
den halben Schoppen beträgt.   Dr. Ravenſtein p. 42. hat gefunden, daß eine be-
ſtimmte Menge Sauerwaſſer beynahe eben
ſo leicht war als eine gleich ſtarke Regenwaſſer.

Aus dieſem ſchlieſe ich nun, daß unſere
mineraliſche Waſſer entweder keine ſchwere
Theile beſitzen müßen, oder weil dieſes die
Erfahrung durch die bisher erzählte Verſuche
ſattſam wiederlegt, daß ſie ihre eigentliche
Schwere nicht äuſſern können. Denn da ſie
in äuſſerſt feine Partickeln zertheilt ſind, ſo
können ſie durch Beyhülfe des in den Waſſern enthaltenen Brunnen = Geiſts und der
fixen Luft in den Zwiſchenräumen des Waſſers getragen werden; gehen aber dieſe in
freyer Luft oder durch Kochen und Hitze davon, ſo fällt die Urſache hinweg, welche ver-
hinderte, daß die mineraliſche Theile ſich nicht
anziehen konnten; es werden ſich alſo mehrere
ſolcher Theilchen berühren, und dadurch theils

die

die Zwischenräume des Wassers zu sehr ver=
dunkeln, theils auch nach und nach eine
größere Schwere bekommen, als daß sie könn=
ten von dem Wasser ferner getragen werden,
wodurch sie denn unter der Gestalt des
Ochers zu Boden fallen müßen.

§. 16.

Obgleich die Gegenwart aller oben ange=
gebenen Bestandtheile dieser Wasser aus phy=
sisch = und chemischen Gründen sattsam ist dar=
gethan worden, so möchten doch einige Um=
stände die Vermuthung eines flüchtigen Lau=
gensalzes noch hervorbringen, weil nemlich
die beeden merkurial Auflösungen weiß nieder
geschlagen worden. Allein Spielmann, Vogel
und Marggraf haben schon längst erwiesen,
daß die vitriolisirte Mittelsalze, und vorzüg=
lich die Eisen=Solutionen im Vitriolsauren
solches auch jederzeit bewerkstelligen, und daß
man dahero nicht immer aus dieser Erschei=
nung auf ein flüchtiges Laugensalz schließen
E 3   könne;

könne; eben so wenig, als auf die alleinige Gegenwart einer Kochsalz Säure, wenn, wie es auch hier geschah (III. Abschnitt §. 4. Nro. 12.) die Silber Auflösung weiß niedergeschlagen wird: denn die Erfahrungen obiger berühmter Scheide-Künstler zeigen uns, daß das im Vitriolsauren aufgelößte Eisen auch dieses zu bewerkstelligen pflege.

Ueber dieses wird die Gegenwart eines flüchtigen Laugen-Salzes in unsern Wassern noch hieraus gänzlich wiederlegt, weil sie die Kupfer Auflösung nicht blau färbten, und weil das, bey der Destillation in die Vorlage übergangene Wasser keineswegs weder von Säuren alterirt, noch die Kupfer- und Queckfilber Auflösungen von ihm verändert worden, welches alles hätte erfolgen müßen, wenn das flüchtige Salz, wie doch nothwendig, mit dem Wasser in die Vorlage wäre herüber gegangen.

§. 17.

§. 17.

Noch iſt zu beſtimmen, wie dieſe in den
Sauerwaſſern enthaltene Theile unter einan=
der im natürlichen Zuſtand verbunden ſind.
Man möchte ſich wundern, daß in dieſen
Waſſern ein feines ſaures Weſen und ein
Alkali zugleich ſeye, ohne daß beede genau ſich
mit einander vereiniget, und ein mittelſalziges We=
ſen ausgemacht hätten, wodurch alſo die Waſſer
weder Spuren von vorſtechenden Säuren,
noch laugenſalzigen Beſtandtheilen hätten
verrathen können. Allein dieſer anſcheinende
Wiederſpruch fällt weg, wenn man das be=
ſtätigte Brunnen Axiom auch hier annimmt,
daß der Sauer = Geiſt in den Mineral Waſ=
ſern mit den Eiſentheilchen ſich feſte vereiniget
hält, und von denſelben gebunden wird, ſo,
daß das Laugenſalz, welches zwar eine nähere
Verwandſchaft mit dem Sauren hat, frey
bleibt, und mit demſelbigen ſich nicht verbin=
den kann, ſo lange das Waſſer im Lauf und
in der Bewegung, vorzüglich unter der Erde,

E 4　　　　iſt

ift. Sobald aber ſolches ruhig, und dem Zu=
gang der freyen Luft ausgeſetzt iſt, wirkt das
Alkali in den ſauren Geiſt, macht alſo durch
die Verbindung mit ihm ein vitrioliſches Mit=
telſalz, und wirft die mit demſelben zuvor
verbundene Eiſentheile unter der Geſtalt
des Ochers zu Boden. Alsdenn ſchmecken
dieſe Waſſer auch nicht mehr ſo ſauer, und
verlieren ihren vitrioliſchen ſtumpfen Ge=
ſchmack. Das Laugenſalz aber wird im na=
türlichen Zuſtand in den Theilchen dieſes
Waſſers ſelbſten aufgelöſt erhalten, und gibt
das Verbindungs = Mittel ab, wodurch die
erdigten Theile ſo zertrennt und geſchickt ge=
macht werden, daß ſie von den Waſſerthei=
len, ohne ſie trüb zu machen können gehalten
werden. So erklärt dieſes wenigſtens Zück=
ert in ſeiner Beſchreibung aller Bäder und
Geſundbrunnen Deutſchlands 1768 im §. 35.
des erſten Theils. In wie fern nun aber
dieſes Axiom mit den phyſiſchen und chemiſchen
Grundſätzen genau harmonire, iſt hier der Ort
nicht zu unterſuchen; vielleicht, daß von der
fixen

firen‘ Luft ein stärkerer Beweißgrund könnte hergenommen werden.

§. 18.

Ob zwar gleich der Lichtenbergische Ober-Amts Physicus Dr. Ravenstein in seiner Beschreibung der mineralischen Quellen des Ober-Amts Birkenfeld, die Bestandtheile unserer Sauerwasser einigermaßen richtig angegeben, so hat er doch in Ansehung der Menge derselbigen sehr geirrt, denn auf der 18ten Seite sagt er, daß der Hambacher Trinkbrunnen unter allen der stärkste sey, und auf der 24ten, daß ein Pfund dieses Wassers nur einen Gran innern Gehalts enthielte, da wir doch die untere Schwollener Quelle um mehr als 6. mal stärker gefunden, und bey der Hambacher Trinkquelle $4\frac{1}{2}$ Gran, wovon etwa $\frac{2}{3}$ Gran ein fixes Laugen Salz, $2\frac{1}{2}$ Gran eine Kalk Erde und $1\frac{1}{3}$ Gran einer thonartigen Masse mit Eisentheilchen, ohngefehr $\frac{1}{12}$ derselben ausmachen, ferner bey der

der Albertus = Quelle, als der geringſten un=
ter allen, doch noch beynahe 1½ Gran in=
nern Gehalts in einem mediziniſchen Pfund
Waſſer vorfanden, ſo wie in den beeden Bad=
brunnen 2⅓, bey dem Schwollener Trinkbrun=
nen 4⅔., und endlich bey der dortigen untern
Quelle 6½. Gran in einem Pfund Waſſer ent=
halten ſind, — ein Umſtand, der nicht vor
gleichgültig zu halten, und wodurch es ge=
ſchehen, daß Zückert unſern Waſſern beynahe
den letzten Platz in der Tabelle von martiali=
ſchen Waſſern angewieſen hat, welchen ſie aber
nach gegenwärtiger Unterſuchung gar nicht
mehr verdienen. Was die Urſache dieſes Un=
ſchieds bey Ravenſtein in Abſicht auf die jetzige
Zeit ſeyn mag, getraue ich mir nicht zu be=
ſtimmen; ſollten ſich etwa die Quellen indeſ=
ſen in Abſicht ihres Gehalts verändert haben?
Ganz unwahrſcheinlich iſt es nicht, weil für
einen Verſtoß der Unterſchied ſo gar ſehr
merklich, und ſelbſt die im 4ten §. dieſes Ab=
ſchnitts erzählte vorgenommene Verſuche mit
den Waſſern zum Theil den Ravenſteini=

ſchen

schen eben so angestellten gerade zu wieder-
sprechen, wie bey Nro. 6. 7. 9. 13.
und 14.

§. 19.

Wiewohlen nun, wie eben und im 6ten §.
gesagt worden, die Schwollener Quellen die
Hambacher Trinkquelle in der Menge des
ganzen Gehalts und insonderheit an Salz
und Kalck Erde übertreffen, so bin ich doch
immer geneigt, letztere bey dem innern Gebrauch den erstern am öftersten vorzuziehen,
weil diese die 3. vornehmste Bestandtheile der
Mineral Wasser, auf denen ihre Wirksamkeit
vorzüglich beruhet, nehmlich Brunnen Spiritus, fixe Luft und Eisen in größerer Menge
enthält, dahero auch viel dauerhafter ist, als
jene; so, daß sie sich Jahre lang unversehrt erhält, und selbsten See-Reisen vertragen kann,
indem sie nach Riga versendet worden,
und in bestem Zustand daselbsten ankam,
auch in vorigem Jahr auf der Achse schon ver-
ver-

schiedentlich über 80. Stunden weit verschickt worden, ohne im mindesten etwas an ihrer Stärke zu verlieren. Uebrigens müßen wir als ein herrliches Geschenk der Natur verehren, daß diese Quellen von so verschiedener Stärke sind, indem man dadurch vermögend ist, bald diese bald jene zu gebrauchen, je nachdeme eine den Umständen der Krankheit, der Leibes beschaffenheit des Kranken u. s. w. mehr angemessen ist, als die andere, welches zu bestimmen aber immer der Beurtheilung eines einsichtsvollen Arztes muß überlassen werden.

IV. Abschnitt.

IV. Abschnitt.

Wirkungen der Sauer-Wasser und damit gemachte heil-same Proben.

§. 1.

Jetzt sind wir vermögend die Wirckungen unserer Mineral Wasser genau zu bestimmen. Schon die Klarheit und die bey starkem innern Gehalt beträchtliche Leichtigkeit der Wasser zeuget, daß solche als ein sehr reines Wasser wirken, also auffer der Verdünnerung des Bluts und der Säfte, auffer der

Ver-

Verſüßung und Wegſchwemmung aller Schär=
fe, auſſer dem Erweichen und biegſam mach=
en trockner ſpröder Faſern, auch im Stande
ſind durch die feinſte Gefäße unſers Körpers
gehörig zu bringen, und ihre Wirkungen da=
rinn zu äußern, welches der flüchtige Schwe=
fel = Geiſt am eheſten zu bewerkſtelligen fähig
iſt; denn wir erwarten billig von ihm, daß er,
verbunden mit der firen Luft, die ver=
ſtopften Gefäße des Körpers eröfne, den Leib
erwärme, unſere feſten Theile gelinde reitze,
das Geblüt und die Säfte verdünne, in ſtär=
kere Bewegung ſetze, und die Neigung der=
ſelben zur Fäulnis dämpfe. Von dem Lau=
genſalz wird das Blut reſolvirt, der zähe
Schleim zertheilt, die enge verſtopfte Gefäße
erweitert und eröfnet, die Unreinigkeiten durch
die verſchiedene Colatorien des Körpers, vor=
züglich aber durch den Urin fortgeſchaft, die
erſchlafften Nerven und Gefäße zu mehrerer
Zuſammenziehung gereitzt, die Bewegung der
feſten Theile, der Umlauf des Geblüts und
die Abſonderung der Säfte vermehrt, end=
lich

lich die Fehler der Galle und Verdauungs
Säfte gebessert. Die Kalk=Erde dämpfet
die Säure der ersten Wege, mildert die
Schärfe im Geblüt, und stellt die verlohrne
Spannkraft der festen Theile wieder her. End=
lich äußert die Thon=Erde, und hauptsächlich
die mit ihr verbundenen Eisentheilchen bey
unsern Wassern, ihre vortrefliche Wirkungen
bey Leuten, deren kränkliche Zufälle mit ei=
ner offenbaren Schwäche der Fasern verbun=
den sind, oder von solchen herrühren. Die=
sen verschaffen sie, vermög ihrer stärkenden
und zusammenziehenden Kraft, einen dichtern
Zusammenhang der festen Theile, eine ver=
mehrte Festigkeit, Stärke und Schnellkraft
derselben.

§. 2.

Unsere Sauerwasser sind also in allen den=
jenigen Fällen und Kranckheiten von vorzüg=
lichem Nutzen, wo die Gefäße verstopft, mit
einem zähem Schleim angefüllt, das Geblüt
verdickt, zähe und scharf ist, die Eingeweide

verstopft, der Umlauf des Gebluts und die
Absonderung der Säfte in ihnen verringert,
oder verhindert ist, wo Säure, Schärfe,
und andere Unreinigkeiten in den ersten
Wegen sich angesammlet haben; bey
Personen, deren Schwäche und Mangel an
Kräften eine Folge von der verminderten
Festigkeit der Muskelfasern, oder von schweren
Krankheiten, großem Blut-Verlust, und andern widernatürlich starken Auslerrungen ent-
standen ist; bey solchen, deren kränkliche
Umstände von verminderten, oder gänzlich unterdrükten Blutflüßen, und andern natürlichen
Ausleerungen des Körpers herrühren; bey solchen, deren Schweislöcher verstopft, oder zu
schlaff sind, als daß sie bey der geringsten Bewegung einer häufigen Ergießung des Schwei-
ßes widerstehen könnten; bey Leuten von schlaf-
fer Haut, und wäßerichter Geschwulst; bey
Personen, deren schlechte Verdauung und ste-
te Neigung zum Durchfall von erschlafften
Gedärmen, scharfen und verdorbenen Dau-
ungs-Säften entsteht; bey Hypochondrischen,

deren

deren ſchwacher Magen die Urſache aller ih=
rer unzähligen Krankheiten und Fehler iſt;
bey Wollüſtigen, die entnervt, und bey Un=
thätigen, die durch die anhaltende Ruhe, ei=
nen Ueberfluß wäßerichter Säfte erhalten, auf=
gedunſen, und ſchwächlich gemacht ſind.

§. 3.

Namentlich alſo iſt in folgenden Krankhei=
ten der innerliche Gebrauch der hieſigen
Mineral Waſſer anzurathen: bey Schwindel,
Kopfſchmerzen und ſchlagflüßigen Zufällen,
wenn ſolche von allgemeinen Nerven Schwächen,
oder auch von unterdrükten natürlichen Blut=
flüßen und Ausleerungen entſtanden, bey Feh=
lern und Mangel ein = oder der andern Sin=
ne, Lähmungen nach Schlagflüßen, bey
Flüßen, Rheumatiſmen, böſen Augen, ein=
gewurzelten Catarrhen, trockenen Huſten,
Engbrüſtigkeit, kurzen Athem, Verſtopfung der
Lungen=Gefäße, in Verſchleimung der Lungen,
bey ſchwacher Bruſt, und nach vorhergegange=

F   nem

nem Blutspeien, bey Beschwerden und Feh=
lern im Magen, Verschleimung desselben, ver=
lohrnem Appetit, Magenkrampf, schlechter
Verdauung, Soodbrennen, scharfen, verdor=
benen, sauren und gallichten Unreinigkeiten
in den ersten Wegen, beym Ochsenhunger,
in Coliken, hartnäckigen Leibes Verstopfun=
gen, und langwierigen Durchfällen, bey Ver=
stopfung und Verhärtung der Leber, auch an=
derer Eingeweide des Unterleibs, und daher
rührenden Gelbsucht und Auszehrungen, bey
Wechselfiebern, und denen öfters davon zu=
rückbleibenden sogenannten Fieberkuchen, bey
Fehlern der Galle, wäßerichten Geschwulsten,
noch nicht zu weit gekommenen Wassersuchten,
Fehlern der Nieren und Harn = Gänge,
Schleim, Gries und Steine in denselben,
bey Melancholie, Raserey, wenn sie von Ner=
venschwäche, oder gehemmten natürlichen
Ausleerungen entstanten, nach zurück geblie=
benen Schwächen, Abzehrungen und Ent=
kräftungen von Kindbetten, Säugen, Krank
heiten, starken Blutflüßen, Samenflüßen, nächt=

lichen

lichen Pollutionen, Selbstbefleckung und andern heftigen Ausleerungen, bey offenen Schäden, unreinen Ausschlägen der Haut, Krätze,
Finnen, Kupferhandel, Gicht und Podagra.
Vorzüglich aber sind sie wirksam, und von
den ältesten Zeiten her berühmt, in Krankheiten des weiblichen Geschlechts, besonders
dem Mangel und Verstopfung der monatlich-
en Reinigung, und der daher rührenden
Bleichsucht, Mutterbeschwerung, Unfruchtbarkeit, weißem Fluß, und andern daher gewöhnlichen Folgen, besonders, wenn der äusserli-
che Gebrauch durch baden zugleich mit verbunden wird.

§. 4.

Schädlich sind aber diese Wasser bey Kopf-
schmerzen, schlagflüßigen Zufällen und Raserey, wenn sie von Vollblütigkeit, und star-
ker gewöhnlicher Congestion des Bluts nach
dem Kopf herrühren, bey starken Geschwüren
und Eiterbeulen in- und auf den Lungen und

Ein-

Eingeweiden des Unterleibs: denn da haben
meine Erfahrungen bewiesen, daß Husten,
Engigkeit und alle übrigen Zufälle auf den
Gebrauch derselben sich gemeiniglich verschlim-
mert haben; ferner sind sie nicht leicht anzurathen, bey ganz alten Personen, jungen
Kindern, bey Entzündungs Krankheiten, Sei-
tenstechen, wirklichem Blutspeien, Bluthar-
nen, rother Ruhr, und in wirklichen Fieber
Anfällen.

§. 5.

Aeusserlich wird dieses Wasser als ein warmes Bad gebraucht, sich überall nüzlich zeigen
wo zu eröfnen, erweichen und abstergiren
ist, also bey stockenden Säften, Geschwulsten
und Verhärtungen der äusserlichen Theile, in
Krämpfen, Flüßen, Contrakturen, offenen
Schäden, unreinen Außschlägen und Schärfe
der Haut, in der Gicht, Verstopfungen und
Verhärtungen der Eingeweide, bey verstopfter
monatlicher Reinigung und Unfruchtbarkeit.

Kalt

Kalt aber wird es Nutzen schaffen, bey schlaffen entnervten Körpern, bey männlichem Unvermögen, wäßerichten Geschwulsten, Neigung zu Flüßen, Lähmungen, erschlafften Hautgefäßen und Hang zu übermäßigen Schweißen, bey Personen endlich, die ihre Reinigung oder eine andere periodische Ausleerung jedesmalen in allzustarkem Grad haben, und daher unfruchtbar sind, leichtlich mißgebähren; und andere üble Folgen davon empfinden.

§. 6.

Noch können unsere Sauerwasser auf gedoppelte Art wirksam werden, einmal, wenn man sich des von ihnen abgesetzten Ochers frisch bedienet, wo er in Steifigkeit der Gelenke, Flüßen und Ausschlägen der Haut, äusserlich gebraucht, bey den hiesigen Landleuten in vorzüglichem Ruf stehet. Sodann, wenn man von diesem Wasser Tropfbäder, oder Touche verfertigt, und sie an die leidenden Theile anbringt, da sie denn vorzüglich

F 3   in

in Lähmungen, Schwächen, Flüßen und
Reissen einzelner Glieder, und bey üblen Folgen nach Kopfbeschädigungen herrliche Wirkungen leisten.

§. 7.

Die bisher unsern Sauerwassern zugeschrie-
bene Wirkungen und gute Eigenschaften wurden indessen nur theoretisch aus den in ihnen enthaltenen Bestandtheilen geschlossen. Man
ist aber auch vermögend, durch viele schon
mehrere Jahrhunderte hindurch gemachte Beobachtungen, dieses aus der Erfahrung selbst
sattsam zu erweisen. So hat schon der
mehrmalen angeführte Dr. Ravenstein in seiner Beschreibung S. 84. und 30 fgl. verschiedene Wahrnehmungen aufgezeichnet, wo
diese Wasser bey Gelbsuchten, Wechselfiebern,
vorzüglich dem viertägigen, Husten, Soodbrennen, Augen-Entzündungen, Verstopfung der
Gekrös-Drüsen, Auszehrungen, Rothlauf,
Flüßen, Brustkrankheiten, Krätze, Geschwüren

ren und Ausschlägen der Haut, Wassersucht,
Podagra, Verstopfung der monatlichen Rei-
nigung, weißem Fluß, Hypochondrie, und
Mutter Beschwerung, ja sogar bey hitzigen
Fiebern und rother Ruhr, die treflichste
Dienste geleistet haben.

§. 8.

Auch ich habe während meines hiesigen
Aufenthalts Gelegenheit gehabt, die gute Wirkungen unserer Mineral Wasser wahrzunehmen,
wovon ich unter andern kürzlich folgende Fälle
anführen will:

1. Ein Mädchen aus Gollenberg, das bis
in ihr 22tes Jahr mit Verstopfung der
monatlichen Reinigung geplagt war, fiel
endlich in einen kachectischen Zustand,
und bekam wäßerichte Geschwülste am
Unterleib und Beinen; lange wurden andere Mittel vergebens versucht, aber endlich
heilte sie ein vierwöchiger Gebrauch des

Ham-

Hambacher Waſſers vollkommen da=
durch, daß das ausgetrettene Waſſer
häufig durch den Stuhlgang und Harn
abgieng, die Reinigung ſich einſtellte,
und von da ordentlich ſich einfand. Zur
Stärkung des durch die Geſchwulſt ge=
ſchwächten Körpers, badete ſich die Kran=
ke nachher aus dem Hambacher Bad=
brunnen, zu ihrem wahren Vortheil.

2. Mit den nämlichen Umſtänden war eine
Weibs=Perſon aus Idar behaftet, wel=
che noch zugleich ſo entkräftet geweſen,
daß ſie nicht gehen konnte, und gar kei=
ne Eßluſt hatte, auch das genoſſene meiſt
wieder wegbrechen mußte : Hambacher
Waſſer an der Quelle getrunken, und
zugleich das dortige Bad anfangs warm,
hernach immer kühler gebraucht, gab
auch ihr gröſtentheils die Geſundheit wieder.

3. Eine andere Perſon von hier, mit der
Bleichſucht behaftet, genaß durch den Ge=
brauch des Schwollener Waſſers.

4.

4. Ein Mann von der Burg, der sich wegen seinem Hang zu Verstopfungen, und denen dagegen öfters gebrauchten drastischen Purgir=Mitteln, seinen Magen so sehr geschwächt hatte, daß er nicht das geringste mehr bey sich behalten konnte, sondern sogleich alles wegbrach; gebrauchte dagegen Schwolkener Sauerwasser, nebst dem kalten Bad, und diese beede gaben in kurzem seinem erschlafften Magen seinen Ton wieder, und benahmen ihm auf immer seine Neigung zur Verstopfung.

5. Zwey junge Leute, welche sich durch Selbstbefleckung einen Samenfluß und auszehrendes Fieber zugezogen hatten, haben ihre Genesung größtentheils dem innerlich= und äusserlichen Gebrauch des Haimbacher Sauerwassers zuzuschreiben.

6. Zwey mit verschiedenen hypochondrischen Zufällen geplagte Personen, verspürten allemal

allemal nach dem Gebrauch dieser Waſ=
ſer vortrefliche Wirkungen.

7. Auch mir ſelbſten hat daß Hambacher
Waſſer bey einer anfangenden Leber = Ver=
ſtopfung, und daher rührenden Gelbſucht
herrliche Dienſte geleiſtet.

8. Ein Mann von Brücken, der nach ver=
ſtopften Eingeweiden des Unterleibs, die
ſchwarze Krankheit bekommen hatte, ge=
naß vollkommen auf den Gebrauch des
Hambacher Sauerwaſſers, und die Ver=
ſtopfungen verlohren ſich.

9. Bey einem Mann von hier, der mit
dem Ochſenhunger geplagt war, und
deſſen unerträglichen Appetit nichts zu ſtil=
len vermögend war, verlohr ſich die
Freßluſt durch die Schwollener Sauer=
Waſſer = Cur, nachdem zuvor alle Arz=
neyen nicht hatten anſchlagen wollen.

10. Dem zehnjährigen Sohn dieſes Man-
nes half eben dieſes Waſſer, bey Verſtopfung der Gekrös-Drüſen, und daher
entſtandenen Abzehrung, alleine.

11. Einem hieſigen Frauenzimmer, das
nach ſchnell auf einander gefolgten Kindbetten und Säugen, zuletzt allemal Engigkeit und troknen Huſten bekam, dabey
von Fleiſch und Kräften fiel, half immer
wieder das Hambacher Waſſer, mit Zie-
gen-Milch verſetzt.

12. Ein anderes Frauenzimmer aus der
Nachbarſchaft, bediente ſich des Bades
und des Brunnens zu Hambach gegen
Nervenſchwäche und hartnäckige Flüſſe
des Haupts mit gutem Vortheil.

13. Eine Frauens Perſon aus dem Elſaß,
die nach übel geheiltem Wechſelfieber einen ſogenannten Fieberkuchen, oder Verhärtung eines Eingeweides im Unterleib
zurück

zurück behielt, wogegen sie in Wißba-
ten, Schwallbach und Niederbronn vergebens Hülfe gesucht hatte, besserte sich
zusehens, die Verhärtung erweichte und
nahm ab durch baden und den innerlichen Gebrauch des Hambacher Wassers;
hätte sie das Bad, welches aber wegen
später Jahrs-Zeit nicht geschehen konnte, länger gebrauchen können, sie würde gewiß in kurzem gänzlich genesen abge-
reiset seyn.

14. Eine alte Frau aus dem Hochwald,
welche nach einem halben Schlag den
Gebrauch der Sprache, das Vermögen
zu gehen und empfinden auf der rechten
Seite verlohren hatte, wurde nach vier-
wöchigem Gebrauch des kalten Bades
äusserlich, wornach die leidende Seite
immer ganz roth wurde und juckte, und
des Hambacher Brunnens innerlich, so
weit hergestellt, daß sie anfangs mit
Krücken, hernach ohne diese frey um
hergehen-

hergehen, auch wieder mit der rechten Hand verschiedene Verrichtungen thun, und endlich zimlich vernehmlich sprechen konnte.

15. Ein Mann von Leisel, der einen eingeklemmten Bruch hatte, trank für sich viel von dem Schwollener Wasser, bekam Leibesöfnung, der Bruch gieng zurück, und die übrigen Zufälle legten sich leicht.

Es würde ein leichtes seyn, das Verzeichnis der erprobten Wirkungen unserer Sauerwasser um vieles zu vergrößern, wenn man die Erfahrungen, welche die Aerzte in der hiesigen Nachbarschaft, besonders im Herzogthum und der Residenz = Stadt Zweybrücken von diesen Wassern haben, sammlen würde, indem solche öfters von ihnen bey Krankheiten angerathen, und alle Sommer in großer Menge dahin verführt werden.

V. Abschnitt.

V. Abschnitt.

Innerlicher und äusserlicher Gebrauch dieser Wasser.

§. 1.

Personen, welche eines oder das andere von unsern Sauerwassern curmäßig trinken wollen, haben sich, so wie bey jeder andern Brunnen=Cur, auch hier nach gewissen Vorschriften und Regeln zu richten. So gehört hieher die Vorbereitung; nach dieser ist vollblütigen Personen, und denen, welche mit einer starken Congestion des Geblüts nach gewissen Theilen behaftet sind, das Aderlassen anzurathen, ehe sie mit dem Wassertrinken den Anfang machen, weil der Mineralgeist und die

fixe

ßre Luft, vermöge ihrer Flüchtigkeit und expan=
direnden Kraft, die Bewegung des Bluts stark
vermehren, solches sehr ausdehnen, und also
leicht üble Folgen verursachen möchten.

§. 2.

Ob nun gleich unsere Sauerwasser vermöge
ihres Laugensalzes, das sie besizen, die gute Ei=
genschaft haben, daß sie gemeiniglich den Leib
öffnen, und bey manchen wiederholte Stuhl=
gänge täglich verursachen; so befördert man
doch überhaupt diese, und alle andere Wirkun=
gen des Wassers, wenn man vorher den Ma=
gen und die Gedärme von allen Unreinigkeiten
und angesammeltem Schleim durch gelinde
Abführungsmittel säubert, wozu sich das Eng=
lische= oder Böhmische Salz, den Tag vor
Anfang der Cur in süßem oder auch Sauer=
wasser genommen, am besten schickt. Das Was=
ser darf sich sodenn nicht erst durch den Unrath
des Magens durcharbeiten, es kann um so ge=
schwinder und reiner in das Blut übergehen,

die

die Reinigung der Säfte und übrigen Wirkungen daselbst verrichten. Man würde auch,
wenn der Magen vorher nicht wäre gesäubert
worden, öfters kaum die nöthige Wasser-Por-
tion einige Tage lang zu sich nehmen können,
ohne Beschwerden davon zu empfinden, und
über Ueblichkeiten, Magendrücken, Kneipen
und Eckel klagen zu müßen, da doch sonsten
die magendrückende und erschlaffende Kraft des
in einiger Menge genossenen Wassers durch die
reitzende, abführende, anhaltende und stärkende
Kraft der Mineralien dieser Wasser gewöhnlich
gelindert, oder ganz gehoben wird, so, daß
man eine beträchtliche Menge davon, ohne einige Beschwerden, vertragen kann, wobey zugleich diese seine gute Eigenschaft sehr zu stat-
ten komme, nach welcher dasselbe ausser der ver-
mehrten Leibesöffnung geschwind wieder durch
den Urin abgeht, und nicht, wie man zu sa-
gen pflegt, sitzen bleibt und dick macht.

§. 3.

§. 3.

Ein bis zwey Tage nach dem Aderlaſſen und laxiren, wird der Anfang mit dem trinken ſelbſt gemacht, wobey am vorzüglichſten dieſes Waſſer kalt, und Morgens bald nach Aufgang der Sonne, wo möglich an der Quelle ſelbſten muß getrunken werden, weil leichtlich durch das Verſchicken oder Erwärmen ein Theil des Brunnengeiſts und der fixen Luft möchte verlohren gehen. Den Anfang der Cur macht man gerne mit einem drittels Krug oder einem hieſigen halben Schoppen, alſo ohngeſehr einem medizinal Pfund, ſteigt täglich mit 1 bis 2 großen Trinkgläſern, bis auf einen oder 1½ Krug, das heißt 3 bis 4 halbe Schoppen oder 3 bis 4 Pfund Waſſer, womit denn ſo lange fortgefahren wird, bis die Umſtände, wogegen es gebraucht worden, ſich gebeſſert haben, oder gänzlich verſchwunden ſind. Darauf fällt man wieder ſtuffenweiſe mit einigen Trinkgläſern bis auf den Anfang herunter und beſchließt damit die ganze Cur. Das Waſſer wird nicht ſchnell

G nach

nach einander eingegossen, sondern man trinkt
es nach und nach, macht sich dazwischen im=
mer gelinde Bewegung und genießt etwa eine
Stunde hernach das Frühstück. Es wäre thö=
richt sich bey der Cur auf eine gewisse Zeit oder
bestimmte Menge Wassers einzuschränken, denn
nur die Veränderung, oder der gänzliche Nach=
laß der Krankheit macht eigenlich der Cur ein
Ende; doch kann man überhaupt annehmen,
daß gemeiniglich 4 Wochen Zeit zur Brunnen=
Cur und also 25 bis 30 Krüge Wasser erfor=
derlich seyen. Aber sehr gut ist es allemal,
wenn Personen, welche diese Wasser curmäßig
gebrauchen, von Zeit zu Zeit ihren Arzt zu be=
fragen nicht unterlassen wollen, der ihnen denn
wegen der Menge des Wassers und der Zeit
seines Gebrauchs die ihrer körperlichen Leibes=
beschaffenheit und Umständen gemäße Vor=
schriften ertheilen wird.

§. 4.

Empfindliche Naturen, Leute, die einen sehr
reizbaren Magen haben, deren Unterleib zu

krampfhaften Zufällen geneigt ist, die leicht
Koliken und Magenkrämpfe bekommen, und
solche, die mit Blutstürzen und heftigen Bauch=
flüssen behaftet sind, auch diejenige, so wäh=
rend der Cur ihre periodische Blutflüsse bekom=
men, enthalten sich zu der Zeit vom trinken
des kalten Wassers, und thun besser, wenn sie
das Wasser ein wenig gewärmt trinken. Zu
dem Ende stellt man die Krüge in ein Gefäß
mit heißem Wasser, lüftet, um sie vor dem
Zerspringen zu bewahren, die Stöpsel ein we=
nig und läßt so das Wasser in ihnen etwas
überschlagen, ehe sie solches trinken. Personen,
welche von dem Genuß dieser Sauerwasser et=
wa Magendrücken, Blähungen bekommen soll=
ten, und deren Mägen von dem ungewohnten
vielen Wassertrinken zu sehr ausgedehnt, und
demnach geschwächt werden möchte, bedienen
sich bey einer geringern Menge Wassers ma=
genstärkender Mittel. Vorzüglich beweißet sich
hier Mynsichts Vitriol=Elixir bald nach genos=
senem Wasser und 1 Stunde vor jeder Mahl=
zeit genommen, sehr wirksam; so wie der Ge=

brauch

brauch der sogenannten Digestiv-Salze jeden
3ten oder 4ten Abend genommen, gegen allenfalls entstehende Härte des Leibes anzurathen
ist. Da diese Wasser wegen ihres alkalischen
Grundstoffs die Milch nicht gerinnen machen,
so kann man nach Gutbefinden ein- und den
andern Kranken, besonders aber denen, so
mit Brustkrankheiten und Auszehrungen behaftet sind, ferner sehr geschwächten Krancken,
und welche sehr empfindliche Mägen und Gedärme haben, das Sauerwasser mit Milch
versetzt anrathen, wozu ich 1 Theil Ziegen-
milch zu 2 Theilen Wasser, ja zuweilen zu
gleichen Theilen am zuträglichsten finde. Den
Tag über und vorzüglich bey dem Essen, können diejenige, so das Sauerwasser curmäßig
gebrauchen, gegen den Durst solches mit der
Hälfte, oder einem Drittheil altem Mosel-
oder Rheinwein versetzt trinken, wodurch es
ein sehr angenehmes, erquickendes und kühlen-
des Getränk abgibt. Ueberhaupt aber ist es
nöthig, daß man sich vor- bey- und nach der
Brunnencur zuweilen dißfalls mit einem ge-
schickten

schickten Arzt bespreche. An den Quellen selbst werden die Cur = und Badgäste von dem jeweiligen hiesigen Physikus, dem die Aufsicht und Besorgung über diese Quellen gnädigst mit übertragen ist, und der in der Curzeit öfters von hier aus den Sauerbrunnen besucht, den nöthigen Rath und Vorschrift erhalten.

§. 5.

Gelinde und angemessene Bewegung, genaue Diät, Gemüthsruhe, Enthaltung von allen Amts = und häuslichen Geschäften, heitere und gesunde Luft bey schöner Jahrszeit, welche in hiesiger Gegend für die Cur und das baden an den Quellen selbst, vom Ausgang des May's bis in die Mitte des Septembers ist, angenehme Gesellschaft, und anmuthige Gegend, leisten, so wie bey allen Curen, also auch hier, die treflichsten Dienste.

§. 6.

Bey dem äusserlichen Gebrauch dieser Wasser sowohl für ein warmes, als kaltes Bad,

ist ebenfalls, und bey dem warmen Bad vorzüglich nöthig, daß man zuvor eine Ader sich
öfnen lasse, und da man gemeiniglich neben
dem Bad auch das Wasser zu trinken pflegt,
so ist denn ein vorhergängiges gelindes Abfüh-
ren gleichfalls nothwendig. Nachdem man
Morgens gegen 6 Uhr das Wasser getrunken,
sich Bewegung dabey gemacht, eine Stunde
hernach das Frühstück eingenommen hat, so
badet man sich gegen 9 Uhr, und legt sich
nach geendigtem baden einige Zeit in das Bett.
In Ansehung des Grads der Wärme des Wassers sowohl, als auch der Zeit, wie lang man
sich im Bad aufzuhalten hat, kann nichts weiter bestimmtes gesagt werden, als daß man
bey dem geringern anfange, und allmählig
wärmer und länger bade, auch endlich wieder
so falle, und daß es öfters sehr gut ist, wenn
man mit entblößtem Haupt im warmen Bad
sitzet, und sich dieses nebst dem Gesicht kalt
wäscht, damit die durch die Wärme des Bades
erzeugte Wallung des Geblüts, nicht zu stark
und allein nach den obern Theilen gehe, und

schlimme

schlimme Zufälle verursache. Auf was Art, wie lang und wie oft das Bad müsse gebraucht werden, wenn mehr kalte, oder mehr warme Bäder zuträglich sind, wie groß der Grad der Wärme seyn müsse, sind Dinge, welche allein von der Beschaffenheit jeglicher Krankheit, den Kräften und Umständen einer jeden besondern Person abhängen, und die erst bey dem Brunnen selbst von dem anwesenden Brunnen-Arzt müßen untersucht, und darüber sein Gutachten eingeholt werden. Das nemliche findet denn auch beym Tropfbad statt. Noch muß ich beyfügen, daß nach dem äusserlichen Gebrauch dieser Wasser allemal, und bey dem innerlichen zuweilen, ein Ausschlag über den ganzen Körper in der 3ten bis 4ten Woche zu grosser Erleichterung der Kranken sich einstelle, welcher durch fortgesetztes baden muß unterhalten und abgestossen werden, und den ich vor 5 Jahren bey einem Weibsbild von einem hieher gehörigen Dorf besonders stark wahrgenommen habe. Diese ließ ich nebst andern die Badquellen säubern, wobey sie, um die Steine und

G 4

den

den Sand auß der Tiefe derselben heraus zu
holen, ihn außschöpfen, und endlich mit bloßen
Füßen hinein stehen mußte. Etliche Tage nachher beklagte sie sich bey mir, daß, so weit sie
im Waſſer geſtanden, sie an den Beinen ganz
voll Ausschlag wäre; ich unterſuchte ihn, fand
ihn roth, rauh, blaſenartig und zum Theil
so groß wie Erbſen, verordnete ihr daher die
Fortſetzung des Fußbades in dieſen Waſſern,
und nach ettlichen Tagen wurde sie ganz rein.
Iſt es nothwendig, daß bey dergleichen, oder
andern Umſtänden muß geſchröpft werden, so
wird solches von den hieſigen Amts-Wund-
Aerzten in den Badzimmerchen verrichtet.

VI. Ab-

VI. Abschnitt.

Vergleichung unserer Sauerwasser mit andern berühmten minerali-schen Wassern.

§. 1.

Um zu sehen, wie sich unsere Sauerwasser gegen andere von dieser Art, in Absicht des Ge-schmacks, der Stärke, des Geistes, der Klarheit und Dauerhaftigkeit, verhalten möchten, ließ man im Jahr 1782 einige Flaschen Pyrmonter Wasser, etliche Krüge Schwallbacher und etli-che Selzerwasser hieher kommen, stellte in des Herrn Obervogt Freyherrn von Liebensteins Behausung dahier, in Gegenwart desselben und

anderer

anderer Personen die Untersuchung an, und
da fand sich, daß das Wasser von der Hamba=
cher Trinkquelle dem Wasser von dem Schwall=
bacher Stahlbrunnen an Geschmack, Geist,
Klarheit, Menge der fixen Luft, nachdem die
damit gefüllte Gläßer in= und auffer ein Gefäß
von warmen Wasser gestellt waren, an Größe,
Menge und Dauerhaftigkeit der an den Rän=
dern der Gläser angesetzten Perlen gleich, wo
nicht noch stärker war, so, daß die anwesende
Personen, vermuthlich aus Vorurtheil gegen
unsere Wasser, und da man ihnen nicht sag=
te, von welchen das zu versuchende sey,
immer das aus der Hambacher Trink=
quelle wegen seiner mehreren Stärke und an=
derer vorhin erwähnten Eigenschaften für
Schwallbacher aus dem Stahlbrunnen hielten.
Gegen den Schwallbacher Weinbrunnen war
nun das Wasser aus der Hambacher Trink=
quelle merklich stärker, geistiger, gab mehrere
fixe Luft und grössere Perlen im Glase; ihm
aber kam die Schwollener obere Quelle in al=
len Stücken am allernächsten bey.   Pyrmon=
                                              ter

ter Waſſer beſaß allerdings mehrere Klarheit,
Stärke und Geiſt, als jeder von unſern Sauer=
brunnen, hatte mehrere fire Luft, weit größere
und länger daurende Perlen im Glaſe. Gegen
das Selzer Waſſer gehalten, konnten unſere
Sauerwaſſer nicht wohl verglichen werden,
denn man merkte es beeden zu ſehr an, daß
ſie verſchiedene Beſtandtheile beſitzen, und der,
erſterem eigene, etwas nach Schwefelleber ſich
beziehende, und mehr alkaliſche Geſchmack,
war dann in unſern nicht ſo zu finden.

§. 2.

Von den oben benannten verſchiedenen Ar=
ten von Sauerwaſſern, auch den unſrigen,
wurden nun die noch übrige verſiegelte Krüge
im Keller auf Bretter geſtellt, und auf den
nemlichen Tag in dieſem Jahr, in Abſicht ihrer
gegenſeitigen Stärke und Dauerhaftigkeit eine
Unterſuchung vorgenommen, da zeigte ſich
denn, daß ſie alleſammt noch eben ſo klar,
geiſtig, ſtark waren, eben ſo viele fire Luft
ent=

enthielten, als das Jahr zuvor, daß das Pyr=
monter Wasser noch immer das stärkste, das
von der Hambacher Trinkquelle und dem
Schwallbacher Stahlbrunnen in allen Stücken
sich noch immer gleich, wo nicht ersteres stär=
ker als letzteres war, daß aber auch das, von
dem Schwollener Trinkbrunnen seinen Sauer=
wasser=Geschmack gänzlich verlohren gehabt,
und nunmehr wie mattes süßes Wasser ge=
schmeckt, auch in warmes Wasser gestellt,
keine fire Luft sich mehr aus demselbigen ent=
wickelt gehabt, ob es gleich in Absicht seiner
Klarheit nichts verlohren hatte. Noch sind
von allen diesen Wassern vom Jahr 1782
Krüge übrig, die abermalen in Keller gestellt
sind, und mit denen in folgenden Jahren aber=
mals Proben sollen vorgenommen werden.

§. 3.

Aufmerksam darauf, daß unsere Hambacher
Wasser dem so sehr berühmten Schwallba=
cher Stahlbrunnen so vollkommen gleich war,

goß

goß ich in verschiedene Gläser von beeden
dieser Wasser gleichviel, schüttete zu jedem
gleichviel von den 3 mineralischen Säuren,
und von dem Galläpfel = Aufguß hinzu, und
es erfolgte durch erstere ein größeres Aufbraussen, mehrere Perlen und Aufsteigen grösserer
Luftblasen beym Hambacher Wasser, als bey
dem Schwallbacher; so wurde auch letzteres
von den beygegossenen Galläpfeln nicht so dun-
kel gefärbt als ersteres. Ich getraue mir zwar
hieraus noch keinen weitern Schluß zu machen;
doch reitzet es mich, mit letzterm Wasser auf
die nemliche Art, wie mit unsern Sauerwassern künftig eine Untersuchung vorzunehmen,
und der Erfund wird mich bestimmen, ob ich
in meiner Praxis unser Wasser in allen den Fällen
in Zukunft gewissenhaft anrathen kann, wogegen der Schwalbacher Stahlbrunnen sich wirksam erwiesen hat: denn diejenige Absicht ist
weit von mir entfernt, allenfalls auf Kosten
meiner Kranken, unsern Wassern größern Ruf
verschaffen zu suchen.

§. 4.

§. 4.

Schließlich muß ich noch für diejenige bemer-
ten, welche von hier Sauerwaſſer abholen laſ-
ſen, oder ſonſten erkaufen, daß ſie die Krüge
niemalen in Sand legen, oder auf Steine
ſtellen, denn dieſes kann das Waſſer ganz und gar
nicht ertragen, und müſſen ſolche im Keller
auf Holz, Brettern, oder Balken geſtellt
werden.